가난의
명세서

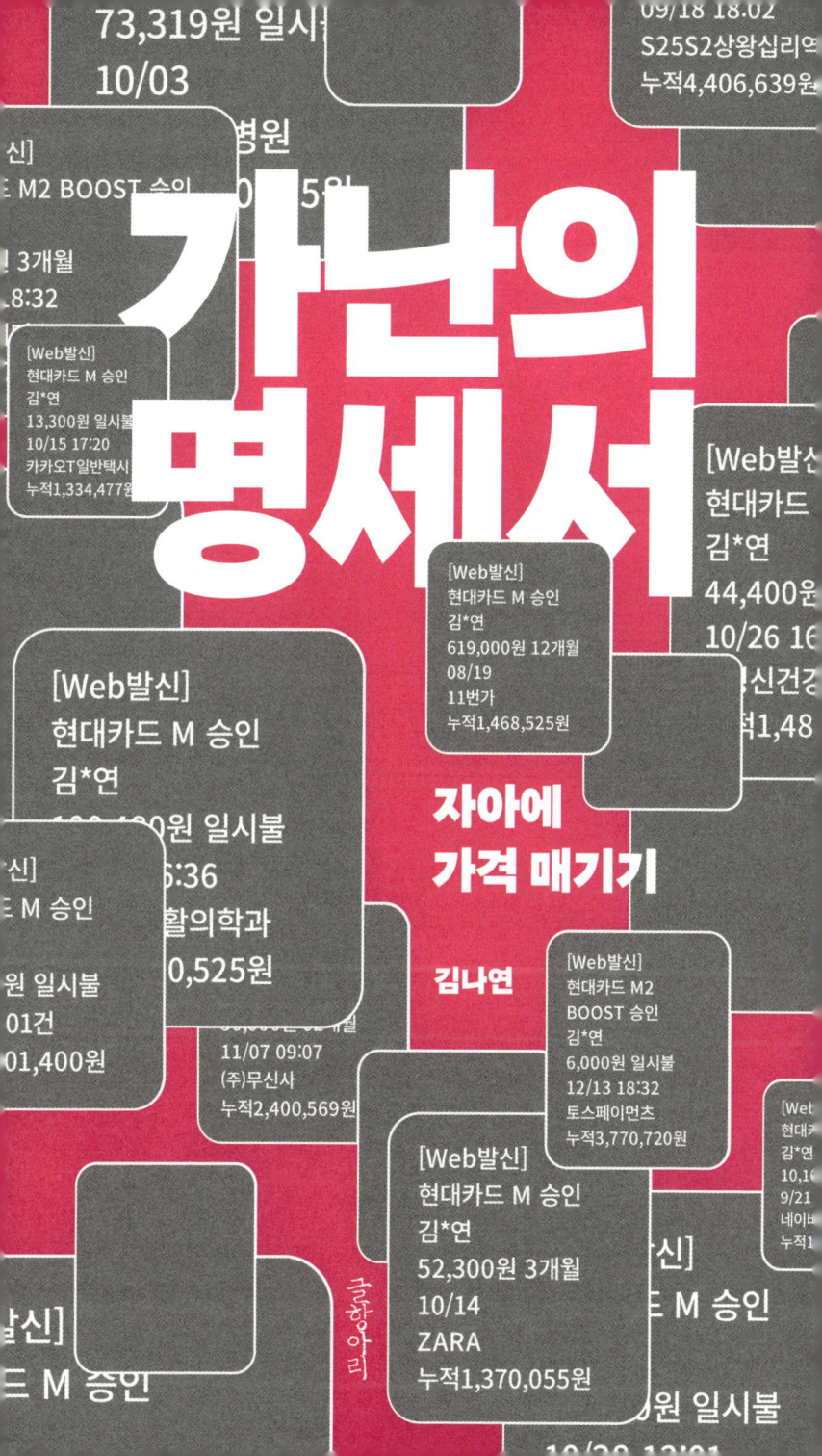

가난하지만 않을 뿐 부를 갈망하는 가진 것 없는
젊은 커플에게 이보다 더 곤란한 상황은 없을 듯했다.
그들은 수준에 맞는 정도만 갖고 있었다.

조르주 페렉, 『사물들』

차례

Part 1   10월 카드명세서

Part 2   일시불 항목: 티끌 모아 태산

빈곤 프리미엄poverty premium이라는 말이 있다. 가난한
사람은 가난하지 않은 사람에 비해 시간도 돈도 더 많이
쓰게 되는 현상을 가리킨다. 내가 겪어본바 가난한 삶에는
실제로 더 많은 비용이 따른다. 가난은 밑 빠진 독과 같다.
아무리 부단하게 노력하며 발버둥 쳐도 모든 것이 원점으로
되돌아간다. 열심히 사는데도 남는 게 없다. 오히려
그럴수록 돈 들어올 길은 막히고 돈 새는 구멍만 커지는 것
같다. 숨만 쉬어도 빚이 쌓이는지 늘 부채감이 따라붙는다.
어디서부터 쌓인 빚일까?

　　모두가 힘들었던 1997년 10대 소녀 K를 상상해보자.
4인 가족이었던 K의 집은 외환위기가 터지며 가세가
급격하게 기울었다. 부모가 운영하던 사업체는 부도가

났다. 경제적 곤궁은 물질의 영역을 말리는 데 그치지
않고 정서의 영역까지 침범해 사람을 바싹 말렸다. 관계는
그렇게 서서히 균열을 일으키다 파국으로 치달았다. 돈
문제로 하루가 멀다 하고 언쟁을 벌이던 K의 부모는 결국
갈라서기로 하고 이혼 절차를 밟았다. 그렇게 K의 어머니는
홀로 자식 둘을 건사하게 되었다.

그사이 집은 경매로 넘어갔다. 낙찰 후 남은 돈은
1000만 원. 그 돈은 몽땅 월세 보증금으로 들어갔다. 전세
보증금으로 쓸 만한 목돈이 없었던 K의 모친은 전세자금
대출 이자보다 더 비싼 월세를 감당해야 했다. 당연히 돈은
모이지 않았다. 그 뒤로 K의 세 가족은 20년 넘게 월세를
전전하게 된다.

그 와중에 K의 외조부모도 궁핍했다. 일가엔 잉여
자본이랄 게 없었거니와, 그나마 있는 자원도 모두
큰아들에게 돌아갔다. 그 시절 많은 집 딸들이 그랬듯,
K의 모친은 여자라서, 오빠가 있어서 고등교육을 받지
못했다. 그렇다고 마땅한 기술을 배우지도 못한 까닭에,
그는 평생 고강도 저임금 노동을 남들보다 더 오랜 시간
해가며 생계를 유지해야 했다. 당연히 자기계발이나
취미 활동은 상상도 할 수 없었다. 스트레스는 술과
담배로 풀었다. 이따금 몸이 망가져가는 게 느껴졌지만,
병원은 가지 못했다. 그럴 시간도, 돈도 없었기 때문이다.

불안했던 그는 보험이라도 들어둘까 하는 마음으로 몇 가지 상품에 가입했지만, 그렇게 들어둔 보험도 형편상 계약과 해지를 밥 먹듯 반복해야 했다. 그러다 어느 날 뇌출혈로 쓰러졌다. 종신보험을 해약한 후 더 저렴한 실비보험에 가입한 지 한 달째 되던 날이었다.

그 무렵 30대에 접어들던 K는 대학원을 준비하고 있었다. 월급을 쪼개 집 생활비를 대가면서, 1년 치 대학원 학비와 생활비를 마련한 참이었다. 그 돈을 모으는 데 3년이 걸렸다. K는 그걸로 대학원에 가려고 회사에 사직서를 냈다. 하필 그때 어머니가 쓰러졌고, K는 그동안 모은 돈을 전부 간병비와 수술비, 입원비, 생활비로 사용해야 했다. 긴 시간 모은 돈이었지만, 그 돈으론 6개월도 채 버틸 수 없었다. K의 동생은 취준생이었고, 가장 역할을 할 사람은 K뿐이었다.

대학원을 포기할 수 없었던 K는 취업 대신 학업을 병행하며 시간을 유동적으로 활용할 수 있는 알바를 찾기 시작했다. 당연히 수입은 크지 않았다. 그래서 지출을 줄여야 했지만, 가장 많은 돈이 들어가는 간병비를 줄이겠다고 직접 간병을 하기 시작하면 생활비를 벌 수 없었고, 생활비를 벌겠다고 일을 하면 그렇게 번 돈은 고스란히 간병비로 들어가야 했다. 결국 K는 빚을 내 생활을 이어갔다. 변변한 직장이 없었으니 금리가 턱없이 높은 상품을 선택할 수밖에 없었지만, 그 외엔 다른 수가 없었다. 이런 상황에도 공부의 꿈을 놓지 않는 K를 두고 주변에서는 이기적이라고 손가락질했다. 그러나 K에겐 거기서 뭘 더 얼마나 해야 하는 건지, 어떻게 하는 게 옳은 일인지 판단할 정신적 에너지가 남아 있지 않았다.

　짐작했겠지만, K는 나다. 10대 때부터 30대까지 구옥 월세를 벗어나본 적이 없는 나는, 주변의 따가운 눈총 속에서도 대학원의 꿈을 접지 않았고, 주경야독으로 1년 반을 버텼다. 하지만 졸업시험만을 남겨뒀을 때 결국 잔고가 바닥을 드러냈다. 이제 두세 달만 버티면 취업할 수 있을 것 같은데, 도무지 돈을 융통할 곳이 없었다. 살면서 주변 사람에게 돈을 빌린다는 것이 어떤 사교 행위를 수반하는지 배워본 적도 없고 앞으로도 배우고 싶지 않았기에, 나는 제1금융권의 소액 신용대출을 신청했다. 이율은 5퍼센트가 넘었다. 2000만 원이 넘는 학자금 대출은 망설임 없이 척척 실행 버튼을 눌러놓고, 가계부채에 400만 원 더 얹는 일이 뭐 그리 죄스럽고, 부끄럽고, 치욕스러웠는지 모르겠다. 2000만 원보다 400만 원 갚는 게 더 수월할 텐데도, 은행에서 그만한 돈을 빌리자니 꼭 죄라도 저지르는 사람처럼 눈치가 보였다. 이대로 대출이 실행되면 돌아갈 수 없는 강을 건너버리고 말 것 같았다.

　시간이 금이란 말은 시간은 되돌릴 수 없으니 소중히
쓰라는 뜻이 아니었다. 자본주의사회에서 시간은 글자
그대로 현물화될 수 있는 자산이다. 임금이란 시간을 팔아
얻는 것이고, 우리는 그렇게 번 돈으로 또 시간을 산다.

　나는 대학에 들어간 순간부터 한 달 이상 일을 쉬어본
적이 없다. 어쩌다 쉰 날들도 과외 자리를 구할 수 없거나
취업이 되지 않아 타의에 의해 노동이 중단된 것이지
자의로 일하기를 멈춘 건 아니었다. 눈 뜨고 몸을 움직이는
시간 대부분은 일을 하며 보냈다.

　휴학하지 않고 하루라도 빨리 졸업하기 위해 아침부터
저녁까지 돈을 버는 데, 일하는 데 시간을 다 써서 정작
공부할 짬이 나질 않는다. 퇴근해서 집에 오면 겨우 과제를
한다. 밀린 집안일도 해야 되는데, 해야 되는데 중얼거리다
깜빡 잠이 들고 깨어보면 아침이다. 수면은 내게 허락된
유일한 재충전 수단이다. 운동을 할 시간도, 영양제를 챙겨
먹을 돈도, 취미생활을 하거나 무언가 새로 배울 여유도
없다. 장 보러 갈 시간도 없어서 자꾸 로켓만큼 빠르게,
샛별이 뜬 시간에도 우리 집 앞까지 먹을 것을 가져다주는
이커머스 업체에서 식료품을 배달시킨다. 그것도 다 내
시간을 아끼자고 500원, 1000원 더 얹어 남의 시간을
사 오는 일이다. 남의 광산에서 시간이란 금을 캐는 일,

타인을 착취하는 일.

가난이 나를 자꾸 도둑으로 만든다. 염치도 모르고,
다른 사람의 노동권도 존중하지 않으며, 환경도 개의치
않는 파렴치한으로 만든다.

이 원고는 생애 첫 신용대출을 받은 날 기획됐다.
대학원 4학기 중반 무렵, 나는 재정적으로 파산 상태였다.
계좌에는 정말 10원도 남아 있지 않았고, 더는 돈이
들어올 곳도 없었다. 아르바이트도, 외주 일도, 책 판매도
비수기였다. 불안할 때마다 각종 금융 앱으로 신용대출
예상 이율을 조회하며 빚쟁이로서의 삶에 대해 심리적
준비를 해오던 나는, 대학원 마지막 학기가 시작될 때쯤
결국 시중은행에 소액 신용대출을 신청하게 되었다. 한도
500만 원 중 400만 원을 빌렸다. 최대 한도까지 빌리지
않은 이유는 자존감, 존엄, 그 비슷한 것 때문이었다. 엄마,
아빠, 친척 들이 돈 문제로 언성을 높이고 험한 소리를
주고받으며 헐뜯는 모습을 어릴 때부터 질리도록 보아온
나에게 '빚'은 파멸의 동의어나 다름없었다. 사람들에게
폐를 끼치고, 해를 입히고, 관계를 갈라놓고, 종국에는 삶을
피폐하게 만드는 불행의 씨앗. 무능에 따르는 응보이자
천벌. 평범한 삶의 종말.

그래서 무슨 일이 있어도 빚만큼은 내고 싶지 않았다.

신용대출, 이건 인간으로서 완벽한 실패다. 서른이 넘어서도 1인분의 몫을 해내지 못하고 기관에 손을 벌리고야 마는 무능한 인간이, 장차 이 험한 세상에서 어떻게 살아남을 수 있다는 말인가. 절망스럽고 수치스럽고 죄스러웠다. 무슨 짓거리를 하고 다녔길래 신용대출을 받아야 하는 상황까지 왔을까? 결제가 필요한 순간이 찾아오면 자문과 자책을 되풀이했다. 주어진 현실에서 내가 할 수 있는 최선을 다해왔지만, 나는 어쩐지 선택을 내릴 때마다 그 이유를 증명하고 또 타인에게 그 선택이 정당한 것임을 확인받아야 한다는 불안감에 시달렸다. 지뢰밭 같은 삶에서 매 순간 내가 내리는 결정은 자충수가 되어 나를 옭아매고야 만다. 왜, 도대체 왜 그래야 할까?

이 원고를 쓰는 내내 생각했다. 우리가 가난을 이야기할 때 말하는 '가난'이란 무엇인가? 우리는 어떤 상황을 가난으로 정의하는가? 우리는 어떤 순간을 맞닥뜨렸을 때 빈곤을 인정하게 되는가? 몇 해에 걸쳐 원고를 준비하며 만나는 사람마다 같은 질문을 던져봤다. 당신에게 가난은 무엇인가요? 스스로 가난하다고 느낀 적이 있나요? 그것은 언제였나요?

나처럼 끝나지 않는 굴레 속에 갇힌 친구들도 있었지만, 대부분의 사람이 들려준 이야기는 사회에서 자리를 잡기 전 일어났던 몇 가지 웃픈 에피소드였다.

그리고 가난은 실재하는 현상이라기보다 관점의 문제일 수 있다고 대답한 사람들도 있었다. 그런 이야기를 듣고 돌아오는 날이면 나는 자문하지 않을 수 없었다. 그들의 기준에서 내가 처한 현실은 가난일까, 가난이 아닐까. 아니라면 이건 부정적인 회로로 꼬인 내 뇌가 지어낸 이야기인가? 나는 왜 내가 가난하다고 생각할까? 내가 그렇게 생각하는 것만으로 나의 가난은 성립하지 않는 것인가? 가난은 타인으로부터 인정받아야 진정성이 생기나? 이조차도 인정 투쟁의 문제인가? 가난은 관념일까? 빈곤은 실재하지 않는 사고 실험 같은 것일까?

나에게 가난은 유령이 되는 일이었다.

가난에 대해 선뜻 말하기 어려운 것은 단순히 수치의 문제가 아니었다. 가난은 세상에서 자꾸 나를 지웠다. 내 취향도 자존감도 욕망도 욕구도 미래도 전부 축소하고 제한하고 억눌렀다. 그러다 어느 날엔가는 스스로 한 줌 티끌이 되어 얕은 한숨 한 번에도 공중으로 흩어져 소멸될 것 같았다. 나는 그렇게 자아가 지워지는 일을 견딜 수가 없었다.

내 소비를 관통하는 단 하나의 단어를 꼽자면 그것은 두려움일지도 모르겠다. 지금 내리는 선택이 최고의 선택이 아닐지도 모른다는 두려움, 시간을 조금만 더

들이고 조금만 더 똑똑하게 검색해봤다면 더 가성비 좋은 상품을 찾아냈을지도 모른다는 두려움. 그 두려움이 있는 한 내가 내린 결정은 어떻게도 최고의 선택일 수 없었다. 내가 발견하지 못한 미지의 영역에 더 나은 선택이 있을지 모르니까. 그걸 고민하느라 허비한 시간과 에너지도 재화라는 것까진 생각지 못했다. 언제나 내게 남아도는 것은 시간과 에너지뿐이었으니까. 내게 있던 잉여 가치는 모두 가난의 차지였다. 그래서 가난은 가난하지 않았다. 가난의 포로가 되면 모든 것을 내놓아야 한다. 가난은 선택이란 사치를 앗아가고 경험의 폭을 제한하며 시야를 좁힌다. 그렇게 빼앗기고 빼앗기다 보면, 자아마저 가난의 차지가 된다.

그래서 내 안에 고여 썩어가던 해묵은 이야기를 세상 밖으로 토해내고 싶었다.

가난이든 풍요든, 돈 얘기를 허심탄회하게 할 수 있는 사이는 많지 않다. 돈에 얽힌 얘기를 했을 때 잘 받아쳐주는 사람을 만나면 숨통이 트이는 기분이 들 정도다. 하지만 그런 사람을 만나 돈 얘기를 할 때에도 잘살았던 시절을 추억하며 감상에 젖기보단 가난을 자백하는 일이 더 잦았다. 돈 때문에 얼마나 분주하게 살아야 했는지 푸념할 때, 가난을 고백하는 건 그리

창피하지 않았다. 그러나 인내의 대가로 받은 돈을 어떻게 썼는지 이야기할 땐, 알 수 없는 불안감과 죄책감이 밀려왔다. 언젠가부터 그 이유를 파헤쳐보고 싶었다.

돈은 있다가도 없는 것이라는 허무주의자의 토로를 하려는 것이 아니다. 30대 싱글 여성으로서 비혼의 삶에 대비하기 위해 다수의 파이프라인을 만들어 경제적 기반을 다져야 하니 투자 공부를 하자며 재테크 팁을 공유하려는 것도 아니다. 돈은 없을 때도 있을 때도 항상 나를 불안한 죄인으로 만든다는 이야기를 하고 싶었다. 허튼 데다 쓰지 않아도 가난하고, 열심히 살아도 가난할 수 있다는 걸 보여주고 싶었다. 어째서 가난에 더 큰 비용이 드는지 내 주머니를 탈탈 털어 보여주고 싶었다. 내 이야기를 군색한 변명으로 치부하거나, 내 가난을 게으르게 산 탓이라고 일축해버릴 사람들을 향해 숫자로 증명해 보이고 싶었다.

여기, 내가 가난에 치른 대가를 기록으로 남긴다.

Part 1
10월 카드명세서

"나연 씨 무슨 돈을 그렇게 많이 써요?"

　　대학원 2학기를 마칠 즈음, 나는 학업 직업
창업이라는 세 업보 사이에서 저글링을 당하고 있었다.
벌여놓은 일과 몰려드는 책임감에 이리저리 치이느라 몸도
마음도 버텨내지 못했고, 급기야 기어가다시피 해서 찾아간
동네 병원에서 혼절하는 지경에 이르렀다. 눈을 떠보니
응급실이었고, 이렇게 된 이상 무엇이든 하나는 포기해야만
했다. 학업을 더 미뤘다가는 뇌가 아무것도 받아들이지
못하는 나이가 되어버릴 것 같았다. 그럼 직업과 창업이
남는다. 회사와 독립출판 중 무엇을 중단해야 할까.
내 마음은 창업─독립출판 작가도 1인 자영업자로
인정된다면─으로 기울었다. 독립출판물로 발생하는

이익이 천문학적인 숫자는 아니었지만, 고정 수입이
가져다주는 마음의 평안을 포기할 수 있다면 책을 판매한
돈으로 그럭저럭 제로섬은 유지할 수 있을 것 같았다.
게다가 내가 나의 고용주가 되면 학기마다 달라지는 등교
시간 때문에 상사의 눈치를 볼 일도, 팀원들에게 미안해할
필요도 없었으니까.

　일을 관두고 소득이 불안정해지더라도 소비를
줄이면 그 불안이 상쇄되지 않을까? 수업 시간에도,
근무 시간에도, 눈 감은 시간에도 머릿속엔 온통 돈
생각뿐이었다. 어떻게 해야 졸업 때까지 버틸 수 있을까?
지금 이 상황에서 내가 할 수 있는 경제활동이란 도대체
무엇일까?

　퇴사와 폐업이라는 선택지를 두고 고민하고 있을 때
누가 내게 한 달 카드값을 물었다. 지출입 계산을 거들어줄
생각이었던 것 같다. 현금이 정말 한 푼도 없어서 모든
생활비를 신용카드로 지불하고 있을 때였다. 지난 세
달치 카드값을 떠올려보고 평균액을 알려주었더니 그가
나에게 다그치듯 물었다. 도대체 어디다 돈을 그렇게 많이
쓰느냐고. 표정을 보아하니 농담은 아닌 것 같고, 진심으로
궁금해하는 눈치였다. 당시 예상 결제액은 140만 원
정도였던 것으로 기억한다. 내 대답을 듣자 그의 미간에는
의심으로 가득한 주름이 잡혔다. 대학원 학비를 전액

학자금 대출로 끌어다 쓰고도 모자라서 생활비를 번다고
회사까지 다니는 주경야독 정신의 대학원생이 도대체 뭘
하기에 카드값이 그렇게 많이 나오지?

　신용카드를 처음 만든 2014년 이후 5년간 나의
카드값은 110만 원에서 150만 원 사이를 오갔다.
맹세컨대 150만 원을 넘긴 적은 없었다. 결제일을
헷갈려서 하루이틀 늦어진 적은 있지만 연체된 적도 없다.
내가 갚지도 못할 만큼 돈을 써대며 과소비하는 사람은
아닌데…… 허리띠를 졸라매며 사는 게 몸에 배서 양파
하나 살 때도 100원이라도 더 싼 곳을 찾느라 동네 슈퍼며
마트를 돌고 또 도는 사람인데…… 140만 원이 이런
질타를 받아야 할 만큼 큰 금액인가? 그럼 난 얼마를 써야
하는 거지? 소득 대비 지출이 몇 퍼센트면 적당한 걸까?
그런 걸 따지기 전에, 내 형편이면 근검절약하고 검소해야
맞는 건가? 이 금액은 '절대적' 기준으로 큰 지출일까?
설사 크다 하더라도, 잘 갚고 있는데 뭐가 문제지? '네
분수를 알라'는 말인가? 아니, 그래서 나는, 대학원생 겸
계약직 직장인은 얼마를 쓰는 게 맞는 건데? 되묻고 싶은
말이 많았지만 그냥 멋쩍게 웃고 말았다.

　도대체 어디다 돈을 그렇게 많이 쓰냐는 말은 분명
당황스러운 질문이었지만, 내가 이 말에 공격당했다고까지
느낀 건 아마 마음 깊은 곳 어딘가에서 나 역시 내 지출

규모를 부끄러운 것으로, 들켜서는 안 되는 치부나 결점으로 생각하고 있었기 때문은 아닐까? 인생 한 방이라며 코인에 투자할 돈을 마련하려 대부업체를 찾아다닌 것도, 술과 마약을 구하거나 도박을 하느라 집안을 거덜 낸 것도 아닌데, 나는 왜 내 씀씀이에 떳떳하지 못했을까?

몸도 정신도 버텨주지 못할 줄로만 알았던 대학원 생활이 마지막 학기에 접어들었을 무렵, 통장에 남은 돈은 0원에 수렴했다. 아침저녁으로 입금 내역이라고는 하나도 찍히지 않는 계좌 세 개를 매일 번갈아 들여다보며 주택 청약을 깨야 하는 건 아닌가 고민했다(그래봤자 100만 원도 들어 있지 않았지만). 은행 앱을 켜고 대출 상품을 둘러보던 어느 날, 카드 대금을 알리는 문자가 도착했다. "누적 1,447,497원." 최근 세 달 평균치보다 25만 원 정도 더 나왔다. 뭐지? 왜 이렇게 많이 나왔지? 지난 달에 딱히 뭘 한 것도 없는데? 이거 정말 다 내가 쓴 거 맞나? 어디서 슬금슬금 새고 있는 거 아니야?? 설마 도용당했나?! 그게 아니라면 도대체 여기서 뭘 어떻게 더 줄여야 하지. 아니, 지금 쓰는 것보다 더 줄일 수 있다고?

내 돈은 도대체 어디로 전부 사라진 걸까. 맛있는 것을 깨끗하게 씻어 먹겠다는 마음에 솜사탕을 개울물에 담가버린 너구리처럼, 분명 내가 쓴 돈인데도 그 돈으로 무슨 짓을 한 건지 정확히 파악이 되지 않았다. 휴대전화 화면에 찍힌 숫자가 믿기지 않았다. 충격 때문에 현실을 믿을 수가 없었다. 혹시 내가 몽유병 환자처럼 두 눈 멀쩡히 뜨고 과소비를 하며 돌아다니고도 그걸 기억하지 못하는 건 아닐까? 아니면 언제든 한도를 늘려줄 수 있다는 신용카드 회사의 관용(?)에 취해 정말로 무분별한 소비를 하고 있나? 만일 그런 거라면, 진짜 흥청망청 카드를 긁어대며 여기저기 행패(?)를 부리고 돌아다닌 거라면, 그 처참한 현장 기록이 명세서에 고스란히 남아 있을 것이다. 주정꾼의 고약한 주사를 고치려면 그 사람이 술에 취한 모습을 촬영해 맨 정신일 때 보여주라고들 한다. 아무래도 명세서를 찬찬히, 그리고 꼼꼼하게 다시 봐야 겠다. 떳떳하게 소비했다고 큰소리 쳤지만 어쩐지 치부를 드러내는 기분. 그래도 눈을 질끈 감고, 시작한다.

작업용 노트북 61,900원
할부 회차 12/12

2018년 말에 새 노트북을 12개월 할부로 샀다. 드디어
마지막 회차다. 장장 1년에 걸쳐 값을 치르고 있지만,
노트북은 그해 산 것들 중에 가장 값진 소비였다. 새
노트북이 온 뒤로 더는 프로그램 하나를 돌리기 위해
전원을 켜고 5분 이상 기다릴 필요도 없어졌고, 저장하기를
눌렀다가 그대로 얼어버린 워드 프로그램 창을 띄워놓고,
마감 직전인 번역 원고가 날아갈까 하얗게 질리지 않아도
되게 됐다. 진즉 새 노트북을 살 수 있었더라면 어도비
일러스트레이터를 열기 위해 이전에 켜두었던 프로그램을
모두 종료할 필요도 없었고, 스페이스바조차 제대로 먹히지
않는 인디자인 프로그램에서 원고를 편집하다 나도 모르는
사이 오탈자가 발생해 이미 작업을 마친 원고를 뒤지고 또

뒤지는 일을 수없이 되풀이하지 않아도 됐을 텐데. 100만 원만 있었더라면 멀쩡한 노트북으로 편하게, 빠르게 작업할 수 있었을 텐데. 충혈된 눈에 눈물까지 고인 상태로 분통을 터트리지 않아도 되었을 텐데. 그때 삶의 질을 +500 해준 새 노트북. 대학교 입학 때도 가져본 적 없는 멀쩡한 노트북. 14인치 화면을 자랑하는, SSD를 8GB까지 늘려서 안정성을 보강한 내 작업용 노트북.

처음 내가 번 돈으로 산 노트북은 대학 입학과 동시에 구매한 10.9인치짜리 넷북이었다. 노트북이라고 부르기에도 민망할 정도로 성능이 떨어지는 그걸 대학 시절 내내 썼다. 졸업 논문도 그 작은 휴대용 컴퓨터로 작성했다. 하지만 대학교 4학년, 취준생이 되자 제대로 된 컴퓨터가 절실해졌다. 이력서와 자기소개서를 매일같이 회사 이름만 바꾸어 쓰고 또 쓰고 이런저런 제출 자료를 준비하는 데 10인치 화면은 너무 답답했다. 하지만 언제나처럼 나는 돈이 없었고, 멀쩡한 노트북을 사기 위해서라도 취직이 급했다. 그렇지만 취업을 하려면 이력서와 자기소개서를 내야 하고, 그걸 작성하려면 노트북이 필요한데…… 부익부 빈익빈이란 게 이런 걸까?

부유했던 적이 없으니 부가 부를 부르는진 알 수 없으나, 빈곤이 또 다른 빈곤으로 이어지는 건 확실했다. 그렇게 일시적 빈곤은 일상적 빈곤이 되어간다.

넷북을 버리고 구매한 건 30만 원짜리 주연테크 제품, 오로지 자소서를 쓸 목적으로 산 노트북이었다. 늘 나 대신 노트북을 골라주는 동생의 말을 빌리자면 전원이 켜지는 게 신기할 지경인 사양이었다. 하지만 그 가격에 운영체제os까지 딸려 오니 감사하다고 절이라도 할 수 있을 것 같았다. 딴에 배송비를 아껴보겠다고 용산에 위치한 매장까지 직접 찾아간 나는, 거기서 산 노트북을 품에 고이 안고 돌아왔다. 난생처음 '투자'라는 개념으로 구매한 물건이었다. 취업을 위한 투자, 나 자신을 위한 투자. 그리고 그 노트북으로 취업에 성공했다.

첫 직장에 들어간 뒤로 컴퓨터가 필요한 일은 전부 회사 노트북으로 작업했다. 퇴사 후 대학원 입시 공부를 할 때도 종이 신문과 학원 프린트물로만 공부한 까닭에 신형 노트북의 필요성을 느끼지 못했다. 다시 노트북이 간절해진 건 대학원 합격 소식을 들은 뒤였다. 대학원도 붙었겠다 직장도 잘 다니고 있고, 슬슬 책을 만들어볼까 싶었다. 한데 가격만큼이나 소박한 성능을 자랑했던 내 30만 원짜리 노트북은 인디자인처럼 커다란 프로그램을 감당할 수 없었다. 동생은 100만 원 넘는 노트북도 4년

쓰면 제정신이 아닌데 이 정도면 가성비를 넘어 기적이라고 했다. 분분히 떠나보내야 할 때가 되었다.

하지만 2년간 제대로 된 일을 한 적 없는 입시생이 돈이 어디 있겠는가. 하는 수 없이 11번가에서 31만 원짜리 중고 노트북을 샀다. 이번엔 원고 작업용 노트북이었다. 누가 보면 용도별로 노트북을 사는 전문가처럼 보일 수도 있겠지만 실상은 여러 작업을 감당할 수 있는 노트북을 내 지갑은 감당할 수가 없어 일이 생길 때마다 임시방편으로 때운 것에 가깝다.

그 중고 컴퓨터를 살 때도 스펙을 제대로 볼 줄 모르는 나를 대신해 동생이 적당한 모델을 골라줬다. 동생은 카카오톡으로 몇 가지 후보를 공유해줬다. 링크를 타고 들어가 본 노트북들은 하나같이 2010년대 초반 모델이라 보기 어려울 정도로 둔탁하고 칙칙하기 그지없었다. 하지만 그런 걸 가릴 처지가 아니었다. 어차피 제한된 예산 내에서 내게 주어진 선택지는 도긴개긴이었고, 거기서 그나마 덜 무거운 애를 골랐다(그래도 2킬로그램이었다). 31만 원짜리였지만 역시나 할부로 샀다. 그토록 설레지 않는 택배도 없었던 것 같다.

설레지 않는 것은 버리라고 설파한 곤도 마리에*는, 장담컨대 가난이 무엇인지 모르는 사람이다. 가난은 삶의 모든 선택을 권태롭게 만든다. 손에 쥐는 순간까지 오래도록 갈망하고 손에 익은 후에도 마냥 설레는 아름다운 물건 같은 건 꿈꿀 수 없다. 빈자의 소비란 설레지 않는 선택의 연속이다. 세상에는 머릿속에 떠올렸을 때 가슴이 뛰지 않는 물건을 잔뜩 끌어안고 살아야 하는 삶도 있다. 슈퍼에서 받은 검은 봉투를 쓰레기통 내피로 재활용하겠다고 학 알처럼 접어 차곡차곡 모아두고, 한쪽 엄지발가락에 구멍이 났거나 목이 늘어난 양말도 먼지 닦는 마른 걸레나 머리 묶는 스크런치로 '업사이클링'하기 위해 속옷 서랍 한쪽에 끼워두는 삶 말이다. 하나의 물건을 오로지 하나의 용도로만 쓰고 그 용도로 쓰지 않을 땐 편히 쉬게 해준다는 게 불가능한 삶. 말하자면 내 인생 같은.

며칠 뒤 도착한 중고 LG 노트북은 어느 회사에서 공유용으로 쓰다 팔았는지 아니면 대여용으로 쓰던 걸 되판 건지, 사용감이 꽤 있었다. 키보드 왼편에는 사내 프로그램용 단축키 사용법을 적어놓은 스티커가 붙어 있었다. 무슨 용도인지 알 길이 없는 단축키 안내 스티커는 노트북을 버리는 그날까지 떼지 않고 그냥 썼다. 성능도, 디자인도, 편리함도 포기했다. 전원 켜지면 됐지, 뭐. 사정이 급했고, 내 수중에 있는 자본으로 동원할 수 있는

* 일본의 정리·수납 전문가로 『정리의 힘』을 썼고, 넷플릭스 「곤도 마리에: 설레지 않으면 버려라」에 출연했다.

도구는 이게 최선이었다. 그 고물 노트북으로 인디자인을 돌리느라 화병이 났다. 중고 노트북은 부팅에만 5분이 걸렸다. 데스크톱 화면이 뜬 뒤 인디자인 프로그램을 여는 데까지는 10분이 소요됐다. 일러스트레이터까지 동시에 돌릴라치면 그길로 뻑이 났다. 퍽Fuck. 가뜩이나 손이 둔한데 연장까지 후지니 중간에 다 엎어버리고 싶었던 적이 한두 번이 아니었다. 글이 안 써져서가 아니라 원고를 편집할 도구도 없이 책을 내겠다고 꾸역꾸역 고물 컴퓨터와 씨름하는 내 처지에 너무 화가 나서 운 적도 있다. 그날, 5분이 넘도록 로딩 화면만 띄우고 있는 인디자인 로고를 바라보며 이 책으로 돈을 벌면 꼭 노트북부터 새로 사겠다고 다짐했다.

그리고 하늘이 도우사, 책은 새 노트북을 사고도 남을 정도의 수익을 가져다줬다. 책 팔아 번 돈으로 드디어 새 노트북을 샀다. 12개월 할부로. 그 지난한 여정이 이제야 끝나간다.

현재 직장에 입사하기 전까지 프로그래밍의 피읖도 모르는 완벽한 백지 상태의 문과생이었던 나는, 대학원 졸업을 앞두고 IT 스타트업에서 테크니컬라이터의 길을 걷기로 결심했다. 테크니컬라이터는 복잡한 제품이나 기술 콘셉트를 사용자가 이해하기 쉽게 매뉴얼이나 튜토리얼, 블로그 등에 적는, 말하자면 콘텐츠를 제작하는 사람이다. 나는 우리 회사 엔지니어들이 만든 제품을 고객사 엔지니어들이 잘 활용할 수 있도록 돕는 코드 매뉴얼을 주로 작성한다. 여기에는 코딩에 대한 이해는 기본이고, 자사 제품의 설계, 기능별 특징 및 제약 사항까지 꼼꼼하게 살필 줄 아는 눈이 필요하다. 코딩을 해본 적도 없으면서 무슨 용기로 그랬을까. 면접 당시 나는 포부도 당당하게 말했다. "아직 프린트print(헬로 월드Hello World!)밖에는 모르지만 가르쳐만 주십시오. 가르쳐주시면 누구보다 빠르게 배울 자신이 있습니다!"

지금도 엔지니어들의 도움이 있어야 프로젝트 하나를 정상적으로 구동할 수 있는 수준이지만, 매번 내 진을 빼는 것은 플랫폼에 맞는 언어와 문법으로 기능을 구현해내는 코딩 자체보다 코딩을 하기 전 이루어져야 하는 환경 세팅이다. 게임과 같은 앱을 기기에 다운받고 실행할 때 최소 사양의 OS 버전과 메모리가 요구되듯이, 어플리케이션을 제작할 때에도 그에 맞는 환경이 갖추어져야 한다. 앱 하나를 개발하려면 보통 최신 버전의 하드웨어와 소프트웨어, 개발 도구, 다양한 라이브러리와 키트가 필요하다. 이것들이 갖추어진 환경을 제대로 세팅해두어야 문제없이 개발을 진행할 수 있다. 내 앱에 적합한 토양을 다지는 과정이랄까. 그런데 이 필요조건을 충족시키는 것부터 얼마나 까다롭던지, 처음으로 코딩 스터디를 진행하던 날 코드는 한 줄도 써보지 못하고 모임원들과 두 시간 내내 환경 세팅만 하다 헤어졌다.

환경 세팅은 비단 코딩할 때만 중요한 게 아니었다. 두 평 남짓한 내 방에 재택근무에 적합한 작업 공간과 퇴근 후 편히 쉴 휴식 공간을 모두 욱여넣어야 했을 때, 나는 아기 돼지 삼형제가 떠올랐다. 동화「아기 돼지 삼형제」속 세 돼지는 각자 엄마의 품을 떠나 늑대로부터 자신을 지켜줄 집을 짓는다. 첫째는 짚으로, 둘째는 나무로, 그리고 막내는 벽돌로. 첫째의 집은 늑대의 거센 입김에, 둘째의 집은 날카로운 발톱에 허무하게 무너져내리고, 둘은 막내의 벽돌집으로 피신한다. 오랜 시간을 들여 견고한 벽돌집을 지은 막내는 늑대로부터 자신과 형제들을 지켜내고, 동화는 성실한 노력은 우리를 배신하지 않는다는 교훈을 전하며 끝을 맺는다.

하지만 첫째와 둘째는 과연 벽돌이 가장 단단하고 튼튼한 자재라는 사실을 몰라서 짚과 나무로 집을 지었을까? 애초에 주어진 조건이 달랐던 건 아닐까? 삼형제 모두 성실했다고 가정해보자. 한데 첫째는 몸이 허약하고 손이 느렸다. 일상생활을 영위할 때에도 가족들의 도움을 필요로 했던 첫째가 단시간에 혼자 힘으로 보금자리를 만들기 위해서는 가볍고 유연한 지푸라기가 가장 합리적인 선택지였다. 둘째는 그런 첫째 대신 가족들을 먹여 살리느라 모아둔 돈이 많지 않았다. 그 역시 벽돌이 가장 안전한 자재라는 점을 이해하고 있었지만, 가진 예산으론 벽돌집은 고사하고 벽 하나 겨우 세우기에도 빠듯했다. 어쩔 수 없이 그는 차선책인 통나무를 골랐다. 셋째는 형제들 중 가장 영리하고 힘도 좋았다. 둘째의 희생 덕분에 저축도 알뜰하게 했고, 가족들에게 추가적인 돌봄의 짐을 지우지 않기 위해 건강하게 먹고 운동도 게을리하지 않았다. 작아도 튼실한 벽돌집 한 채쯤은 제 힘으로 지을 수 있을 것 같았다.

이런 상황에서 삼형제에게 늑대라는 위기가 찾아왔을 때, 첫째가 가장 먼저 무너졌다 한들, 그것이 그가 성실하지 않았던 탓이라 할 수 있을까? 둘째는 늑대에게 맞서려고 노력하지 않았기 때문에 속수무책으로 당했던 걸까?

어떤 일에서나 최상의 결과를 내기 위해 갖추어야 할 기본 환경이란 것이 있다. 예컨대, 내가 지금 하는 일을 하려면 업무를 수행하기에 적합한 장비, 장비를 설치할 수 있는 충분한 공간, 일과 휴식을 구분할 수 있는 생활상의 경계, 그 둘의 순환 고리를 깨지 않고 구동할 수 있는 나의 체력 따위가 필수적으로 갖추어져야 한다.

그때 나는 그러한 토양이 부족해 어떤 열매도 수확하지 못하고 제로섬 게임을 이어가고 있던 건 아니었을까? 자본주의사회의 시스템을 이용해 돈이 돈을 벌게 하려면 시드머니가 필요한 것처럼 말이다. 물려받은 잉여분의 씨앗도, 비옥한 토양도 없는 사람은 삶에서 맞닥뜨리는 모든 과제에 전력을 쏟아부어야 한다. 날 잡아먹겠다 버티고 선 것이 사나운 늑대든 거센 태풍이든, 온 힘을 다해 움켜쥐고 버텨야 지푸라기로 지은 집이라도 건사하지 않겠는가. 하지만 현실은 그조차 허락하지 않을 때가 많다. 겨우 한 고개 넘으면 그 재난의 위력만큼 집이 헐린다. 다음 과제가 발생하기 전까지 허물어진 데를 재정비하기도 바빠 더 튼튼한 집을 지을 여유가 나지 않는다. 현상 유지에 함몰되어 지금 내 처지 바깥의 무언가를 상상하기 어렵다. 물론 이런 상황에서도 플러스알파를 만들어낼 방법이 있을 수 있다. 하지만 이미 생존이라는 임무에 짓눌려 질식할 것만 같은데 스스로 새로운 시스템까지 창조해내야 한다니, 생각만으로도 압사당하는 기분이다.

나는 어떤 선택을 해야만 한다. 수명을 담보로 잡아 시간을 당겨 쓸 수도 있다. 잠을 줄여서라도 깨어 있는 시간을 늘려 새로운 파이프라인을 만든다거나, 신기술을 습득해서 몸값을 올릴 수도 있을 것이다. 이 방법을 선택할 때 주의사항이 하나 있다면 원금과 이자를 일시 상환해야 한다는 점이다. 스스로를 갈아 넣어가며 버티다 보면 어느 날 디스크가 터지거나 뇌출혈이 올 수도 있다. 실제로 엄마를 간병하는 동안 나는 내 또래 뇌출혈 환자를 심심치 않게 봤다. 그럼 그동안 더 나은 미래를 위해 차곡차곡 모아놓은 벼룩의 간은 병원의 금고로 흘러 들어가겠지? 그렇게 치면 운이 좋아야 제로섬이다. 이것이 내가 아는 삶의 법칙이고, 내가 경험한 유일한 삶의 구동 방식이다.

그 고리를 깨고 싶었다. 나는 벽돌집이 필요하다고 판단하면 어떻게 해서든 벽돌을 손에 쥐고야 마는 돼지였다. 그것이 형제들의 고통에 눈을 감고 엄마 돼지의 호소에 귀를 막는 일일지라도.

그래서 크고 무거운 노트북은 허리에 부담이 될 걸 알면서도 13인치 이상의 스크린을 고집했다. 시력을 유지하면서 시도 때도 없이 찾아오는 편두통을 예방하기 위해서 그 정도 투자는 필요하다고 느꼈다. 돈을 벌려면 일을 해야 하고, 일을 하려면 아프지 말아야 하니까.

내 지속가능한 노동의 가장 큰 걸림돌이라 하면

아무래도 편두통이다. 나는 20년 차 편두통 환자로, 증세가 심각했던 20대 중후반에는 이른 아침 두통이 시작되면 응급실에 실려 가 진통제가 들어간 수액을 두 통 넘게 비우고서야 통증이 누그러들었다. 그러고도 정신을 못 차려 하루를 통째로 버리곤 했다. 편두통 환자는 대개 전조 증상을 느낀다. 내 전조 증상은 새벽녘에 갑자기 잠에서 깨는 것이다. 내 뇌가 두개골 저 안쪽에서 스멀스멀 통증이 번져 올라오는 것을 감지하고는 나를 깨우는 것만 같다. 그렇게 자리에서 일어나면 침대 옆 책상에 상비해둔 편두통 약을 허겁지겁 집어삼킨다. 약을 먹더라도 금세 두통이 사그라들거나 완전히 멈추는 경우는 거의 없다. 운이 좋으면 종일 경미한 두통에 시달리고, 운이 나쁘면 위액이 나올 때까지 토하다 탈수가 와서 기절하듯 잠들거나 여전히 머리가 깨지고 속이 메스꺼워 신음하며 뒹굴기도 한다. 둘 다 업무는 불가능한 컨디션이다. 편두통이 온다 싶으면 바로 연차를 냈다. 일단 두통이 시작되면 조그마한 자극에도 통증이 지독해지기 때문에 평상시라면 무심하게 지나쳤을 주변의 소음이나 빛, 냄새 따위에 과민해진다.

극심한 편두통에 20년 가까이 시달리다 보니 애초에 스마트폰을 포함해 손바닥만 한 모니터는 오래 들여다보지도 않는다. 게다가 라식수술을 한 지 10년이 다 되어가니 점점 시력이 나빠지는 느낌이 든다. 편두통과

시력 악화라는 두 사태를 더 심화시키지 않기 위해 노트북에는 조금 너그러워지기로 했다. 사실 주머니 사정만 넉넉했다면 더 시원하게 잘 빠진 크기에도 1킬로그램이 넘지 않는 노트북을 살 수 있었을 것이다. 하지만 내 얄팍한 지갑과 남루한 책가방에는 두 마리 토끼를 다 담을 수 없다. 내 형편으로 감당할 수 없는 물건은 세상에 존재하지 않는 척, 그도 어려우면 신 포도인 척 무시하는 것이 단기적 정신 건강에 좋다.

그래서 노트북을 살 때 동생에게 딱 세 가지 조건만 봐달라고 했다. 첫째, 화면은 13인치 이상일 것. 둘째, 무게는 1.5킬로그램을 넘지 않을 것. 셋째, 인디자인과 일러스트레이터를 동시에 돌릴 수 있는 사양일 것. 세 가지 다 예산을 10-20만 원만 더 쓰면 충분히 충족할 수 있는 조건이다. 노트북을 앞으로 4년간 쓴다 치면 1년에 5만 원도 채 안 되는 추가 지출이지만 당장의 형편이 허락지 않으니 우선은 어도비 프로그램들을 무리 없이 사용할 수 있는 메모리와 화면 크기를 우선순위로 두고 골랐다.

그렇게 추리고 추려 고른 새 노트북만 있다면 눈의 피로도 덜고 두통 걱정도 덜 하며 작업할 수 있을 줄 알았는데…… 어느 날 아침, 나는 불안한 꿈에서 깨어나 침대에서 심상치 않은 허리 통증을 호소하는 자신을 발견했다. 매일 열 시간 이상 인체공학을 무시한 의자에 구부정하게 기대어 앉거나 대강 궁둥이만 걸치고 앉아 있었더니, 몸을 곧추세워 앉으려 하거나 앞으로 숙이기라도 하면 전기가 흐르듯 찌릿하고 저릿한 통증이 등허리에서 목덜미를 지나 뒤통수까지 전해졌다. 처음엔 담이 걸린 거라고, 대수롭지 않게 생각했다. 하지만 일주일이 지나도 통증은 가실 기미가 없었다. 결국 집 앞 재활의학과를 찾았다.

영상 촬영 결과, 내 몸은 상체의 모든 관절이 비뚤어져 있었다. 한쪽 팔만 주로 쓰는 탓에 어깨는 기울어져 있었고, 경추는 일자목을 넘어 곧 거북목으로 진화할 조짐이 보였으며, 흉추 역시 굴곡을 잃고 직선으로 뻣뻣하게 굳어 있었다. 약 10도의 척추측만증을 동반한 요추는 4번과 5번 사이 공간이 좁아져 디스크가 조금씩 탈출하기 시작한 상태였고, 골반에는 전방 경사도 보였다. 재활의학과 선생님은 당신의 오른편에 있던 모니터를 내 쪽으로 돌려 나의 경직된 경추와 틀어진 어깨, 주저앉은 요추 사진을 보여주었다. 그리고 컴퓨터를 오래 하느냐고 물었다. 오래라면 몇 시간 정도요? 내가 되물었다. 요즘 20-30대 중에 컴퓨터를 '오래' 하지 않는 사람도 있나? 게다가 저는 문서 작업만 하는 프리랜서 사무직이자 일이 끝나도 계속 책상 앞에 앉아 엉덩이로 학위를 따야 하는 대학원생인데요? 선생님은 그럴 줄 알았다는 듯이 간결하게 고개를 끄덕이고는 왼편에 놓인 모니터 속 진료기록창으로 시선을 돌렸다. 그는 말했다. "모니터를 시야보다 약간 더 높은 곳에 두고 바른 자세로 앉되, 30분에 한 번씩 자세를 바꿔가며 작업하시는 게 좋습니다." 또 의문이 들었다. 노트북을 눈높이보다 더 높게 두고 작업하는 게 가능한가? 자기 키만 한 스탠드에 신시사이저를 두세 대씩 얹고 연주하는 밴드 세션맨처럼 노트북을 어디에 매달아둔 채 양팔을 쳐들고 키보드를 치라는 말인가? 그런 극적인 모양새까지는 아니더라도 일단 높이를 조절할 수 있는 노트북 스탠드를 사야겠구나. 노트북을 스탠드 위에 얹어두면 키보드와 트랙패드도 쓰기 불편할 테니 무선이든 유선이든 별도의 키보드와 마우스도 새로 사야 할 것이었다. 또 돈. 하지만 이대로 작업을 계속했다가는 추간판에 가해지는 압력이 누적되어 디스크 파열까지 갈 수도 있다. 나는 아직 벌어야 할 돈이 많은데……. 더 오래, 꾸준히 일하기 위해서는 건강해져야 한다. 건강해지기 위해서는 작업 환경을 개선해야 한다. 하지만 그러려면 돈을 써야만 한다…….

그리고 그 모든 집기를 수용할 수 있는 더 넓은 공간이 필요하겠지. 내 몸을 덜 해하면서 지속가능한 노동을 하려면 결국 오프라인과 온라인 모든 차원에서 더 많은 공간을 확보해야만 했다. 내 삶은 크고 작은 고난을 무작위로 새끼 치는 화수분 같았다. 한 가지 문제를 처리하고 나면 같은 구멍에서 생각지도 못한 문제가 또 튀어나왔다. 주어진 상황에서 최선을 다하고 있는데, 나는 왜 늘 한 벼랑 끝에서 다른 벼랑 끝으로, 간신히 벼랑만 옮겨 다니며 살아야 할까? 이런 지리멸렬한 상황에서 내가 할 수 있는 건 뭘까? 누군가를 탓하며 원망하고 싶어도 결국 화살은 늘 나 자신을 향해 돌아왔다. 가난으로 고생할 거면 튼튼하기라도 할 것이지, 나는 왜 이만한 노동도 견디지 못하는 몸을 타고난 걸까. 몸 말고는 가진 것도 없는데 무얼 더 팔아야 더 나은 환경을 만들 수 있을까. 그렇다고 야무지고 치밀하게 돈을 아낄 줄도 모른다. 주식 투자나 부동산 경매에 뛰어들어 돈이 돈을 벌어 오게 할 기민함이나 부지런함도, 무엇보다도 시드머니도 없다. 상황을 긍정적으로 헤쳐 나갈 정신력도. 내게는 없는 것투성이였다.

코로나로 인해 본격적으로 재택근무를 시작한 후에 깨달았다. 사실 이 모든 '건강한 근무 환경 만들기 프로젝트'는 단순히 모니터 스탠드 쇼핑으로 끝날 수 있는 여정이 아니라는 걸. 우선 거실 텔레비전 볼륨을 한껏 키워 아침 연속극과 건강 퀴즈쇼를 보던 엄마가 심부름을 시키기 위해 한창 업무 중인 나를 시도 때도 없이 불러대지 못하게 엄마와 함께 사는 집이라는 공간에서 물리적으로 빠져나올 필요가 있었다. 그 힘겨운 분가 과정에서도 나는 투룸을 고집했다. 집중력이 어린아이만큼이나 짧고 산만한 내가 온갖 유혹으로부터 차단된 채 온전히 일에 집중하려면 생활공간과 분리된 사무실이 필요했기 때문이다. 그다음, 사무실을 스마트워킹 기기로 채워야 했다. 나의 비틀어진 자세를 고정구처럼 단단히 잡아줄 인체공학 의자, 노트북으로는 볼 수 없는 크기의 화면을 띄워줄 듀얼 모니터, 그 모니터의 높이와 각도를 자유자재로 조절할 수 있게 해줄 모니터 거치대, 듀얼 모니터 세팅에 필요한 다양한 전자기기 액세서리, 무선 키보드와 마우스, 이 모든 기기를 내 신장에 맞는 위치에 위치시킬 수 있는 모션데스크, 전방경사를 예방할 발 받침대⋯⋯⋯ 항목은 계속해서 늘어난다. 요컨대 체력과 집중력, 정신력처럼 내게 부족한 능력을 전부 공간과 그 공간을 채운 집기에 위탁한 것이다. 얼마나 더 많은 물건을 사들여야 이 문제를 일단락 지을 수 있을까. 내 몫의 노동을 해내기 위해 내 정신적, 신체적 기능을 위탁할 물건을 소비하기. 오늘도 높이 솟은 모니터를 우러러보며 뛰어드는 무한 노동 사이클.

엄마 병원비 73,319원
할부 회차 7/10

10개월 할부로 끊었고, 이제 3회 차가 남은 엄마의
병원비다.

　만 스무 살이 되던 해 생일, 나는 미국 친척 집에
얹혀 살고 있었다. 말이 유학이지, 실상은 신데렐라
생활이었다. 뒷마당에 연못을 만드느라 섭씨 30도에
육박하는 캘리포니아 뙤약볕 아래에서 삽질을 하고
있으면 옆집 부부가 담장 근처로 다가와 걱정 어린
목소리로 안부를 물었다. "너 가택연금 같은 거 당하고
있는 거 아니지? 노예 생활 아니지?"(실제로 들은 말이다.)
내가 가진 재산이라고는 고등학교 졸업장과 1년간
아르바이트를 하며 모은 1000달러(당시 한화로 약 90만
원)의 돈이 전부였다. 문제는 내 생활만 말라비틀어진 게

아니었다는 점이다. 한국의 본가 사정도 마찬가지였다.
가세는 기울다 못해 바닥에 눌어붙어 다시 설 줄을 몰랐고,
곳간은 바짝 마른 우물 같았다. 엄마의 손이 닿는 것은
모두 모래처럼 바스라져 내렸다. 경제적 이유로 가족
이민 계획이 무산되었고, 그로 인해 내 대학 진학의 꿈도
캘리포니아 태양에 달아오른 아스팔트 위 신기루처럼
눈앞에서 사라졌다. 엎친 데 덮친 격으로 빚더미에
압사당하기 직전이었던 엄마는 한 손에는 동생을 안고,
다른 손에는 여권을 쥐고 미국으로 야반도주했다. 두 사람
몫의 짐이라고는 동생 등에 등딱지처럼 붙어 있던 납작한
책가방뿐이었다. 둘은 한국에서 속옷 한 장 챙겨오지
못했다. 엄마가 유서만 남기고 한국 땅에서 사라지자
미국으로 전화가 쏟아졌다. 친척들은 돈 떼먹은 네 엄마를
인터폴에 신고하겠다는 협박 메시지를 하루가 멀다 하고
남겨댔다.☆

　　하나밖에 없는 보호자가 사기꾼이 되지는 않을까,
동생 학교는 어떻게 보내야 하나, 내 학업은 여기서 끝나는
건가. 한국으로 돌아오기 전까지 매일 이런 고민만 했다.

☆ 미국 집 자동응답기에 규칙적이고 끈질기게 엄마를
향한 분노와 저주를 표출했던 친척 중 한 사람은 평생 나를
친손녀처럼 먹이고 입혀주었고 후에는 내 대학 입학금까지 내준
이모할머니였다. 나는 한 사람을 오롯이 미워하거나 전심을 다해
사랑할 수 있는 사람이 되고 싶다고 항상 소원한다.

엄마가 친척들의 고발로 범죄자가 되는 것은 아닐까. 이런 일로 근심하는 스무 살이 세상에 또 있을까. 내 인생은 나를 도대체 어디로 데려가는 것일까. 허리까지 쌓인 눈이 지평선마저 삼켜버린 설원에 덩그러니 서 있는 기분이었다. 사방팔방 어디에도 삶의 방향을 보여주는 이정표는 보이지 않았다.

　　엄마가 뇌출혈로 쓰러졌을 때도 상황은 비슷했다. 대학 생활 8학기를 장학금으로 버텼고, 틈틈이 과외와 대외활동도 쉬지 않았다. 그 덕분에 큰 무리 없이 취업해서 3년간 착실히 직장생활도 했다. 하지만 직무에서 미래가 보이지 않아 대학원 진학을 결심했고, 쥐꼬리만 한 월급을 모아 대학원 학비를 마련했다. 국가에서든 은행에서든, 빚을 져서 공부하고 싶지 않았기 때문이었지만, 집에서 지원은커녕 생활비는 어쩔 거냐 다그치며 욕이나 하지 않으면 다행이었다. 그러나 퇴사의 기쁨을 제대로 느껴보기도 전에 나의 한 명뿐이던 보호자는 다시 한번 바닥으로 추락했다. 나를 세게 끌어안고. 이번엔 지구가 두 동강 나 빛도 도달하지 않는 골짜기로 떨어지는 기분이었다. 가속도를 내며 추락하는 무력한 덩어리. 엄마를 찾는 협박 전화를 대신 받으며 욕받이 노릇을 하던 그때가 바닥이 아니었구나, 더 떨어질 수 있구나. 당시 나이 28세. 먼저 스물여덟을 거쳐간 지인들도, 동년배

친구들도, 어느 누구도 부모의 병치레에 따라오는 경제적,
심리적, 육체적 위기와 대인관계의 어려움에 대해 알려주지
않았다. 아무도 네가 서른쯤 되면 가세가 아니라 가족,
그러니까 부모 중 누군가가 실제로 기울어져 바닥을 치는
날이 오니 정서적으로, 금전적으로 단단히 준비해둬야
한다고 조언해주지 않았다. 원망스러웠다. 왜 또 나만,
벌써, 굳이 삶을 이겨내야 하는가. 내 또래들은 10년, 20년
후에나 겪을 일이 왜 나에게만 이렇게 쉴 틈 없이 몰아치는
것일까. 이렇게 압축적으로 살아야 하는 이유가 뭘까.

　　엄마가 뇌출혈로 쓰러진 지 만 10년여가 흘렀다.
엄마의 병은 막 펼쳐지는 중이던 동생과 나의 삶을
뒤흔들어놓았고, 그때 우리가 잃어버린 삶의 어떤 부분은
두 번 다시 돌아오지 않을 것만 같았다. 반년에서 1년이면
종전의 근력을 70-80퍼센트는 회복할 거라던 의사의
예상과 달리, 엄마는 지팡이와 발목 지지대 없인 걷는 것도
어려워했고, 사회생활을 하기는커녕 손톱을 깎거나 샤워
후 목욕탕 의자에서 일어나는 정도의 사소한 일상생활을
해나갈 때에도 도움을 필요로 했다. 엄마가 여전히 오랜
시간을 보내는 주방에서 무언가 떨어지면, 살갗을 찢을
듯한 날카로운 소리가 들리면, 꼭 싱크대에서 추락한
칼이 내 심장에 꽂히는 것처럼 가슴이 찌릿하다. 피가
빠져나가기라도 하는 듯 머리부터 발끝까지 온몸이 차게

식는다. 엄마의 건강과 무사를 바라는 건 그 무엇보다도 나, 나 자신을 위해서다. 나는 지금보다 더 아픈 엄마를 감당할 자신이 없다. 그리고 결정적으로 자산이 없다.

내가 기억하기로 엄마의 커리어는 늘 오락가락했다. 무슨 사정인고 하니, 엄마는 당신이 처한 상황에서 할 수 있는 일이라면 뭐든 닥치는 대로 하며 살아왔다. 생활력이 강해서 그랬던 것도, 꿈이나 계획 없이 살아지는 대로 사는 사람이어서 그랬던 것도 아니다. 삶이 사람을 하도 이리저리 내동댕이쳐대니 무슨 수를 써서라도 주먹 쥐고 일어서야 했고, 그래서 바란 적도 없는 굳은살이 박이고, 더 쓸 수 없을 만큼 안간힘이 늘었다. 그게 생활력이라는 허울 좋은 이름으로 포장되었을 뿐이다.

그런 엄마의 아프기 전 마지막 직업은 보험설계사였다. 사람들이 흔히 말하는 보험 파는 아줌마, 그게 우리 엄마였다. 대학 교육도, 기술 훈련도 받을 수 없었던 엄마가 중년에 경제활동에 뛰어들 때 커리어를 쌓는다든가 적성에 맞는 직업을 고른다는 건 아마 생각조차 하기 어려운 일이었을 것이다. 하지만 엄마는 딸이 당신 직업을 창피하게 생각할까, 혹은 친구들에게 놀림을 받을까 걱정이었는지, 아니면 스스로 생각할 때 부끄러웠는지, 어딜 가든 내게 당신을 전업주부라 소개하라고 일렀다. 나는 늘 그게 이상하다고 생각했다. 나는 엄마가 무슨 일을 하든 꺼릴 게 없었다. 어디 가서 먼저 나서서 엄마가 무슨 일을 하는지 광고하고 다니진 않았지만, 그렇다고 부러 거짓말을 하거나 숨긴 적도 없다. 엄마가 첫새벽에 도매 시장을 돌며 보험을 팔든, 구운 식빵에 터키햄, 아보카도를 얹고 에그샐러드를 바른, 원가만 따져도 하나에 만 원은 족히 들였을 듯한 통통한 샌드위치를 싸 들고 다니며 당신보다 스무 살은 어린 도매 시장 '언니'들 입맛과 비위를 맞추든, 캘리포니아 어바인 한구석에 위치한 한인 식당에서 펄펄 끓는 순두부찌개 뚝배기를 나르든, 그걸 왜 내가 창피해해야 하는가? 무슨 이름을 달고 벌었든 남에게 피해 주지 않고 성실하게 땀 흘려 번 돈인 건 매한가지인 것을.

특정 직업을 가진 사람들을 묘사하며 멸칭을 쓰거나 되도 않는 농담을 하려거든 부디 지금 앞에 있는 사람과 그의 가족이 그 일로 생계를 유지하는 중일 수도 있다는 상상을 매 순간, 의식적으로 해보길 바란다. 특정 직업군에는 왜 중년 여성이, '이모님'이나 '엄마' 들이 압도적으로 많은지, 그 이유를 생각해보는 노력을 게을리하지 말았으면 좋겠다.

엄마와 엄마의 일 때문에 극도로 화가 난 적이 딱 한 번 있다. 엄마가 쓰러지고 일주일이 채 안 되었을 무렵, 엄마의 보험 이력과 보장 내역을 미리 확인해두려고 했다. 개두수술 비용이며 처치비, 중환자실 입원비, 비급여 항목 등이 눈덩이처럼 시시각각 불어나고 있었다. 내가 아는 보험 전문가는 엄마뿐이었으니, 나는 당연히 엄마에게 병원비 청구 방법에 대해 물었다. 하지만 나의 예상과 달리 엄마는 보험 전문가가 아니었다. 심지어 엄마에겐 당신 앞으로 된 보험조차 없었다. 정확하게 말하면 원래는 있었는데, 없어졌다가, 겨우 하나 되찾은 상태였다. 한때 보험 여왕의 자리를 목전에 두었던 엄마에게도 당연히 당신 이름으로 가입한 상품이 여러 개 있었다. 하지만 점차 수금 관리가 어려워지고, 펑크 나는 고객 계좌가 늘어나면서 보험금을 감당할 수 없게 됐고, 간신히 유지하던 소규모 보험들마저 담보대출, 해지, 재계약, 또 담보대출, 실효 해지 등이 이어지며 모두 없어졌다. 그 결과 사고 한 달 전에 (무슨 이유에서인지) 새로 들어두었던 실손보험 딱 한 개만 살아남았던 것이다. 하지만 보험사에서 약속한 범위까지 완전히 보장받기 위해선 3개월 이상 보험료를 납입한 기록이 있어야 했다. 그게 없으면 글자 크기

5포인트로 적힌 계약서 내 특정 항목의 적용을 받아 보장액의 50퍼센트 이하 금액만 청구할 수 있었다.

　어이가 없어서 말이 안 나왔다. 아니…… 꾸준히 부은 보험 하나 없는 보험설계사라니. 게다가 엄마는 당신과 같은 상황에 처한 계약 당사자가 어떤 보장을 받을 수 있는지, 그 절차는 어떻게 되는지에 대해 확실히 알고 있는 게 하나도 없는 듯 보였다. 처음에는 뇌출혈 때문인 줄 알았다. 엄마의 담당의가 말하길, 아무래도 뇌에 문제가 생긴 것이고, 간단하다고는 하나 수술을 했기 때문에 성격이나 인지 능력에도 변화가 올 수 있다고 했다. 그러니 정상적으로 판단을 하거나 기억을 떠올리는 게 어렵겠거니, 그렇게 생각했다. 하지만 아니었다. 제대로 답을 못하는 건 엄마와 같이 일하는 다른 설계사 아줌마들도 마찬가지였다. 몸도 제대로 가누지 못해 자필 서명조차 할 수 없는 엄마를 대신해 법적으로 혈연관계를 인정받은 친딸인 내가 보험금을 청구하거나 수령하는 일이 불가능한 이유를, 이런 경우 적용할 수 있는 예외 규약이나 청구 절차를 제대로 설명해주는 사람이 아무도 없었다. 고객센터에 전화를 걸어도, 직접 보험사에 서류 뭉치를 들고 찾아가도 안 된다거나 확인하고 알려드리겠다고만 할 뿐, 누구 한 사람 그 자리에서 속 시원하게 답을 주는 이가 없었다. 경력 20년 차 보험설계사에게 정작 자기 자신을 지켜줄 최소한의 보험이 없다는 사실, 그나마 남은 최소한의 보장조차 받아낼 방법을 아무도 모른다는 사실—이 두 가지가 어떻게 가능한지 하나부터 열까지 아무것도 이해되지 않았다. 내가 한 분야에 오래 몸담아온 사람이 갖춘 '전문성'에 대해 갖고 있던 추정과 기대가 모조리 부정당하는 느낌이었다.

이해할 수 없는 무비유환의 대가는 내 퇴직금, 그리고 대학원 진학을 위해 모아두었던 적금—다시 말해 내 전재산이었다. 매주 현금으로 지불해야 하는 데다 영수증을 뗄 수도 없는 간병비☆, 엄마의 보험이 보장해주지 않는 입원비, 비급여 치료 항목에 들어간 의료비 등을 전부 내 통장의 돈을 길어다 메꿨다. 물론 엄마가 이렇게 저렇게 돈을 융통해 일부 '갚아주기'도(엄마의 표현이다) 했다. 하지만 목돈을 그대로 돌려준 게 아니었다. 내가 내민 게 온전한 캉파뉴☆☆ 하나였다면 엄마가 '갚아준' 것은 네모나게 썬 빵 두 조각이었으니까.

알다시피, 100만 원을 일시 상환하는 것과 원리금 균등 상환하는 것은 전혀 다른 재무 설계 영역이다. 즉

☆ 하루 9만 원인 개인 간병인을 50일 동안 고용했다. 간병비는 현금영수증조차 발급되지 않는다.
☆☆ 절도죄로 장발장을 감옥에 가둔 문제의 빵. 도대체 얼마나 대단한 빵이길래 투옥까지 당했는지 궁금하다면 구글에 검색해보라. 지름 30센티미터가 넘는 솥뚜껑만 한 빵 사진을 확인할 수 있을 것이다.

100만 원을 1만 원씩 100일 동안 돌려받게 되면 나는 매일 1만 원어치의 생활만 할 수 있다. 끽해야 3-5만 원 규모만 상상하며 살 뿐, 100만 원짜리 계획을 세울 수는 없는 것이다. 혹여 100만 원을 100일 뒤에 일시 상환받는다 해도 문제다. 만기일을 기다리는 동안 나는 무슨 돈으로 어떻게 생활을 유지한단 말인가? 엄마가 '갚아준' 돈이 딱 그 꼴이었다. 엄마는 지인들이 건넨 위로금을 모아 간병비를 충당하라며 건넸지만, 봉투 속 10만 원 20만 원으로는 3일 치 간병비를 겨우 지불할 수 있을 뿐이었다. 나는 나머지 간병비와 생활비를 대느라 매주 100만 원에 가까운 돈을 지출하고 있었다. 한 달이 지나니 대학원 한 학기 학비가 사라졌다. 반년 치 미래가 사라진 것이다.

엄마는 병실에서 돈 이야기하는 걸 극도로 꺼렸다. 하지만 언제나 돈이 급한 쪽도, 내게서 빌려갈 돈의 사용처와 지키지도 못할 상환 계획을 상세하게 늘어놓으며 말꼬를 트는 쪽도 엄마였다. 듣다 못한 내가 "나도 돈 쓸 곳이 있다"라든가 "그래서 언제 갚을 수 있다는 거냐"라고 한마디 덧붙이면 엄마는 "사람들 다 들을 텐데 쪽팔리게 만들 작정이냐"며 불같이 화를 냈다. 그렇게 나를 몰아세울 때마다 기가 막혀 당혹감을 넘어선 짜증이 치밀어 올랐다. 그럴 거면 말을 꺼내지 마. 애초에 가난하지를 말든가 아프질 말든가, 둘 중에 하나만 했어야지. 침착하지만 단호하고 냉정하게 엄마 말을 자르고 면박을 주고 싶었지만, 내 안의 유교 걸은 꼭 이럴 때 자기 주장이 너무 강했다.

엄마한테 더 이상 손 벌리지 않게 된 게 언제였더라. 돈을 구하는 쪽이 내가 아닌 엄마가 된 게 언제부터였더라. 아마 대학 입학 때부터였던 것 같다. 엄마한테 용돈을 받거나 등록금을 부탁하게 되면 나는 '독립적인 인간'으로 살 수 없을 것이며, 영원히 엄마처럼 채무자 신세로 살아야 한다는 생각이 들었다. 내 1인칭 관점에서 우리 가족사를 관통하는 주제는 이랬다. 이 가족은 물질적, 감정적 채무로 맺어져 채무에 의해 유지되는 관계. 어쨌든 올해도 80만 원에 달하는 병원비 덕분에, 엄마와 나는 지옥 같았던 지난 7개월처럼 남은 할부금을 갚아야 할 향후 3개월도 사연 많은 모녀로 지낼 수 있게 되었다.

전화 영어 17,600원
할부 회차 1/5

이 이야기를 어디서부터 시작하면 좋을까? 나의 외가 가계도를 간략하게 설명하는 게 가장 적절한 출발점일 것 같다. 철강 산업에 종사했다는 증조부는 마을에서 알아주는 부자였다고 한다. 부인도 넷이나 두었다니 네 집 살림도 거뜬할 정도의 부자였던 듯하다. 우리 외할머니는 첫째 부인과의 사이에서 얻은 첫째 딸이었다. 그 위로는 오빠가, 아래로는 여동생이 둘 있었는데 사남매의 큰오빠가 일찍 명을 달리하는 바람에 외할머니는 어린 나이에 집안의 맏이가 되었다. 증조부가 그 시절 꽤나 깨어 있는 분이었던 건지 아니면 금쪽 같은 장녀를 유독 아껴서 그랬는지 모르겠지만, 그분은 당신의 장녀를 대학까지 보냈다. 훗날 전해 듣기로, 집안의 금지옥엽 외할머니는 소학교

다니던 시절에도 흙 한 번 밟아본 적이 없었다고 한다.
유모가 친히 등에 업어 등하교를 시키고, 점심 시간이면
보글보글 끓는 찌개를 뚝배기에 담아 직접 교실까지
이고 와서 차려주었다고. 곱게 자란 우리 외할머니는
그 덕에 생활력이라는 건 일절 모르고 평생을 살았다.
험한 일을 해본 적도 없고, 당신의 존엄을 시장에 내다
팔아본 적도 없다. 그래서 부친의 여성 편력으로 가세가
기울고, 남편과도 일찍 사별하는 바람에 홀로 핏덩이
같은 아이 셋을 키워내야 했지만 그러는 와중에도 땀
흘리며 노동하거나 돈벌이를 하러 분주히 뛰어다녀본 적은
없다고 한다. 막내 핏덩이인 우리 엄마의 기억에 따르면
외할머니가 해본 일이라고는 주변 시장 상인들을 대상으로
환을 놓거나 어떻게 연이 닿았는지 모르는 사람들에게서
미제 상품을 사들인 다음 웃돈을 얹어 되팔거나 하는
정도였다. 그것이 외할머니의 품위였을까.

　　살림살이도 그리 풍족하지 못한 와중에, 외할머니는
막내딸보다 아들 둘을 더 귀하게 여겼다. 그런 까닭에
우리 엄마는 가난과 차별, 학대 속에서 유년기를 보냈고
소극적이고 심약한 어른으로 자랐다. 엄마는 돌아가신
외할머니를 회상할 때면 직접 도시락을 싸준 적도,
휴대용 생리대 한 번 사준 적도 없는 매정한 노친네라고
이야기를 마무리한다. 고등학교 등록금이며 결혼 자금까지

외할머니가 아닌 막내 이모할머니가 대주었다는 말도 잊지 않는다. 그런데도 엄마는 출산 이후 복직을 위해 나를 외할머니에게 맡겼고, 외할머니는 고기반찬만 먹이며 나를 7년이나 키우셨다. 당신의 친딸은 그리 등한시했던 분이 어떻게 나를 손수 씻기고 입히고 먹여가며 돌보셨는지, 아직도 의문스러울 따름이다.

되감기 하자면, 우리 엄마는 무심한 모친과 폭력적이고 이기적인 오빠들로부터 벗어날 요량으로 20대 후반에 만난 남자와 결혼을 하게 되었다. 이후 나름대로 생계를 꾸려보려 했지만, 고등교육을 받은 것도 아니고 특별한 기술도 없었던 베이비부머 세대 중년 여성이 선택할 수 있는 안정적인 직업은 많지 않았다. 그 몇 안 되는 커리어 패스 중 하나가 바로 보험설계사였다. 그렇게 일을 이어가던 엄마는 내가 초등학교 고학년이 되었을 무렵 인생의 마지막 기회라고 생각했던 남자, 그러니까 우리 아빠와 별거를 거쳐 이혼을 했다. 그리고 그 지난한 이별의 과정을 거치는 와중에 딸 둘을 혼자 키웠다. 당신의 엄마가 그랬듯 싱글맘으로. 하지만 엄만 할머니와 달랐다. 엄마는 체면 따위 장롱 속에 고이 접어두고 냉엄한 생계의 전장에 전사처럼 뛰어들었다.

내 직계 조상인 외할머니와 그분의 두 여동생, 그리고 외할머니의 세 자식이 모두 삶의 소용돌이에 휘말려

인생의 내리막길을 걷는 동안, 증조부의 둘째, 셋째 부인의
자식들─그러니까 우리 외할머니의 배다른 형제자매들은
일찍이 미국으로 이민해 절반은 동부에, 절반은 서부에
자리를 잡았다. 그 뒤로는, 당연한 이야기지만, 우리 가족과
소식을 끊고 살다시피 했다.

각자도생하느라 형제들은 고사하고 자기 자식도
간신히 돌보던 외가 식구들이 다시 소식을 주고받게 된
건 나 때문이었다. 정확하게는 나를 더 나은 환경에서
교육시키고 싶다는, 그래서 당신과 같은 삶을 살지 않게
하겠다는 우리 엄마의 절박한 계획 때문. 당신처럼 남한테
아쉬운 소리하며 살게 하지 않겠다, 자기가 무엇을
욕망하는지조차 모르는 사람으로 만들지 않겠다, 그런
마음이었으리라. 물론 내게도 더 넓은 세상에서 공부해보고
싶다는 욕심이 있었다. 집에서 지원만 해줄 수 있다면
지금보다 더 잘할 수 있을 것 같았다. 하지만 엄마에게 돈
얘기를 꺼내기 싫어 고등학생 때까지 학교 필수 교재가
아니면 문제집 사달라는 말도 꺼내지 않았다. 책 한 권
사달라는 말도 눈치가 보여 꺼내지 못하는 편모 가정에서
다른 '있는 집'처럼 자식을 조기 유학 보낸다는 건 엄두도
못 낼 일이었다. 그래서 엄마는 미국 사는 친척들에게
전화를 돌리기 시작했다. 보호자 자격으로 우리 애를 좀
받아줄 수 있겠느냐고. 홈스테이처럼 매달 생활비를 부칠

테니 학교에 다닐 수 있는 방법을 좀 알아봐달라고.

　　이제 와 생각하면, 꼭 미국이었어야 했을까 싶다.
나는 어려서부터 가성비가 좋은 학생이라, 투자 대비
성취가 우수했다. 내성적이고 소극적이었던 나는 선생님의
가르침과 지시를 잘 따르는 학생이었고, 운동장보다는
도서관에서 시간을 보내는 아이였다. 청소년기에도
별다른 사교육 없이 내내 상위권 성적을 유지했다. 그냥
내버려뒀어도 어지간한 대학은 무난히 갔을 거고, 정
유학이 가고 싶거든 내가 빚을 내서라도 교환학생 자격으로
다녀왔을 것이다. 하지만 이것도 지금이니까 상상해볼 수
있는 얘기지, 줄곧 한국에서만 자랐더라면, 미국에서 온갖
인생의 쓴맛을 보지 않았더라면, 지금처럼 주변의 만류에도
꿋꿋이 내 꿈을 좇는 사람이 되지 못했을 가능성이 크다.

　　어쨌거나 외가 친척 중 캘리포니아에 살고 있던
(역시나 싱글맘인) 막내 이모할머니가 나를 거두어주겠다
했고, 그리하여 고3 봄, 뜬금없이 나는 유학 길에 오르게
됐다. 그리고 미국에서 보낸 3년으로 인해, 나는 이전의
내가 기억도 나지 않을 만큼 완전히 다른 사람으로
거듭났다.

주니어 학년 처음 읽었던 『두 도시 이야기』 속 찰스 디킨스의 말처럼 나에게 그 시절은 "최고의 시대이자 최악의 시대"였다. 왜냐하면, 고등학교만 무사히 마치면 영주권이 나올 거라고 나와 우리 엄마를 감언이설로 홀리고 보호자 보증을 서는 대가로 생활비며 온갖 수속 비용을 받는 것도 모자라 국제 택배가 지금처럼 활발하지 않았던 2000년대 초반에 수십만 원짜리 소포를 부탁하던 이모할머니가 약속했던 나의 미래가, 실은 한인 이민자들 사이에서 클리셰처럼 떠돌던 영주권 사기였음이…… 내가 미국에서 학교를 졸업하고 나서야 까발려졌기 때문이다.

그것은 엄마에게도 나에게도 감당하기 어려운 충격이었다. 당시 엄마는 한국에서의 생활을 견딜 수 없어 미국으로 야반도주를 계획하고 있던 상황이었고, 나는 자살 혹은 살인을 계획하고 있던 참이었다. 나를 거두어주겠다며 먼저 우리 가족에게 손을 내밀었던 막내 이모할머니는 열일곱이 감당하기에는 너무 벅찬 사람이었다. 그는 가스라이팅에 능했으며, 계산이 빨랐다. 미국 집에 사는 동안 나는 이모할머니와 그 집의 두 아들, 방 하나를 렌트하던 하숙인에 나까지 다섯 식구의 식사며 청소를 도맡아 했다. 거기에 강아지 여섯 마리의 뒤치다꺼리도 내 몫이었다. 누가 억지로 시킨 일이 아니었다. 할머니는 내가 자발적으로 나서지 않고는 못 배길 방법으로 나를 은근히 길들여 당신의 꼭두각시로 만들었다. 할머니는 사람들 앞에서는 참한 수양딸이 생겼다며 나를 예뻐하다가도 단 둘이 차에 남았을 때는 머리 검은 짐승은 거두는 게 아니라더니, 널 보면서 그 말이 무슨 말인지 알겠다며 뜻 모를 말을 중얼거렸다. 그리고 당신의 배다른 식구들, 즉 우리 외할머니와 그 형제들 험담을 쏟아내며 내 반응을 살폈다. 할머닌 내 표정이 굳으면 "가족 흉을 보니 기분이 나쁘냐"며 다그쳤고, 그래서 당신 말에 맞장구를 치면 "그래도 네 가족인데 네가 그렇게 말하면 되겠느냐"며 정색했다. 그런가 하면 틈날 때마다 "LA에서는 이렇게 하숙생 한 번 받을 때 달에 300만 원씩 받는다더라" "영주권을 사려면 적게는 5000만 원, 많게는 1억도 든다더라" 하는 말을 넌지시 흘리곤 "나는 우리 언니한테 공짜로 받은 영주권이니 너한테도 공짜로 주고 싶다"며 사람 좋은 미소를 지어 보였다.

유학 초기, 이상한 낌새를 느낀 나는 친구들과 주고받은 편지와 일기장에 그 이야기를 적었다. 어느 날 이 편지들을 훔쳐본 이모할머니는 "불쌍한 네 엄마 생각해서 생면부지 조카딸 받아줬더니 은혜도 모른다"며

괘씸해하다가 급기야 나를 한국으로 돌려보내겠다고
선언했다. 그날부터 보름간, 나는 그 집에서 투명인간으로
살았다. 할머니는 인사도 받아주지 않았고 끼니때도 나를
부르지 않았다. 그러고는 이 소식이 기어코 엄마 귀에 흘러
들어가도록 만들었다. 외가 친척들에게 전화를 돌려 이
일을 시시콜콜 전한 것이다. 배은망덕한 계집애의 소식은
시차가 무색할 정도로 빠르게 퍼졌고, 엄마는 미국 집으로
전화를 걸어 왔다. 전화를 받은 이모할머니는 입도 벙긋
않고 나를 불러다 전화기를 건네주곤, 옆방에 들어가
우리 대화를 엿들었다. 그래서 무슨 연유로 그런 사건이
벌어진 건지 해명할 수 없었다. 바로 옆방에서 할머니가
내 숨소리까지 감시하고 있었으니까. 나는 그저 향수병인
척, 철없이 고집을 부리는 척 한국에 돌아가게 해달라고 울
수밖에 없었다. 그런 내게 엄마는 말했다. "너 한국에 오면
그길로 너도 죽고 나도 죽어야 되는 거야." 내가 미국에서
어떻게든 정착(해서 성공)하지 않으면 다 같이 죽는 것
말고는 선택지가 없다는 얘기였다. 나는 져야만 했다.
싸움을 건 적도, 이겨 먹을 생각도 없었지만, 할머니에게
굽히고 들어가야 했다. 결국 그날 밤, 카드게임에 몰두한
척 내게서 등을 돌리고 앉아 있던 그에게 무릎을 꿇고
손이 발이 되도록 빌었다. 이 집에 살게만 해주시면
할머니 말씀대로 영주권 사는 데 드는 돈만큼 일하겠다고.

5000만 원이든 1억이든, 그만큼 일하겠다고. 할머니는 그제야 고개를 돌려 나를 흘깃 보더니, 너희 엄마 봐서 한 번은 봐주겠다며 용서를 '베풀었다'. 누군가에게 그토록 비굴하게 용서를 구해본 것은 그날이 처음이자 마지막이었다. 내가 내 목숨에 값을 매겨본 것도 처음이었다. 존재에 값을 붙이는 것은 존엄을 파괴하는 일이었다. 정신을 놓지 않고서는 할 수 없는 일이었다.

그 일이 있은 후, 나는 매일 아침 일어나면 화장실에 가 세수도 하기 전 거울 속의 나를 보며 주문을 외웠다. 난 이 집 개다. 나는 이 집 개다. 나는 개다. 생각이나 의견 따위 없는 개다. 그렇게 꼭 열 번을 중얼거린 후 세수를 하고, 옷을 입고, 주방으로 달려가 아침상을 차렸다. 그때 나는 내가 왜 그곳에 있어야 하는지 알지 못했다. 단지 한국으로 돌아가면 자살하겠다며 엄마가 목숨을 걸고 협박을 해왔기에, 엄마를 살리기 위해서라도 그곳에 어떻게든 남아야 한다고 생각했다.

훗날 엄마는 그날의 전화를 두고두고 후회한다고 말했다. 내가 미국에 온 지 1년째 되던 해 여름, 처음으로 막내 이모할머니 집에 방문한 엄마는 할머니 눈치를 살피느라 잔뜩 움츠러든 내 모습, 집안일을 하느라 습진에 걸려 마디마디 진물이 흐르던 내 손을 보고 이건 아니다 싶었다고 했다. 하지만 그렇다고 딸을 한국으로 도로

데려올 처지도 못 되었던 엄마는, 귀국하는 비행기에서
내내 가슴을 쳐야 했다.

낳고 기른 엄마조차 구원해주지 못하는 나를 누가
구할 수 있었을까. 나는 이모할머니의 온갖 세뇌와 그루밍,
가스라이팅 속에서 자아를 지켜야만 했고, 이제 그 방법은
내 손에 든 이 식도, 이 프라이팬으로 저 미친 여자와
그 식솔들을 몽땅 내려쳐 죽이거나 내가 죽거나 둘 중
하나밖에 없겠다 싶었다. 그런 마음으로 매일 저녁 식사를
준비했다. 고등학교만 졸업하면 이 집과도 끝이다. 졸업만
하면 모든 게 달라질 수 있다. 그 생각만으로 견뎠다.

사기가 발각된 후로도 사과는커녕 오히려 나를
배은망덕하다 몰아세운 이모할머니는, 내가 한국으로
돌아가는 날까지도 나를 용서치 않겠노라며 앙심을
드러냈다. 누가 누굴 용서한다는 것인지 모를
노릇이었지만, 그의 하드 트레이닝 덕분에 나는 내가
하고 싶은 일이 무엇인지 확실히 깨달았다. 더는 무지로
인생에서 손해 보고 싶지 않았다. 절대로 사기꾼보다
멍청할 수는 없었다. 머리가 핑핑 도는 공부에 몰두하고
싶어졌다. 그게 이 모든 개 같은 일 속에서도 학업에 대한
의지를 꺾지 않은 이유였다.

나는 3년간의 유학생활 끝에 영어를 배워 돌아왔다.
물론 영어만 배운 것은 아니었다. 타인은 설령 부모나

친인척이라 할지라도 믿어서는 안 되며, 내가 직접
알아보지 않은 일은 덜컥 시작해선 안 된다는 것, 내
인생에서 가장 중요한 사람은 그 누구도 아닌 나 자신이며,
내가 원하는 것은 내가 직접 성취해야 한다는 사실도 뼈에
새겼다.

유학 기간이나 그 과정과는 무관하게 내가 미국에서
살다 왔다는 사실, 유학생이라는 타이틀은 너무나도 유리한
낙인이었다. 내가 목소리가 커도, 행동이 자유분방해도,
까딱하면 선을 넘을 듯한 말을 내뱉어도, 사람들은 '미국에
살다 와서 그렇다'고 이해해주었다. 한마디로 유학생
패스가 주어진 것이다. 과외 학생을 구할 때도 부모들은 내
수업 실력보다 내가 해외에서 학교를 나왔다는 사실에 더
눈을 반짝였다. 자원봉사나 대외활동 면접을 볼 때도 토익
점수나 해외 거주 이력은 큰 가산점이 됐다.

그럼에도 불구하고 나는 늘 유학생이란 프리미엄이
내 삶을 한결 편리하게 만들어준다는 그 사실이 얼마간
불편했다. 나는 사람들이 기대하고 상상하는, 중산층
이상의 집안에서 나고 자라 조기 유학도 다녀오고, 그런
덕에 영어가 모국어처럼 편안한 유학생이 아니었기

때문이다. 학력도, 영어 실력도, 그 둘을 이용해 번 돈도…… 어느 하나 온전히 내 능력으로 얻은 게 없는 것처럼 느껴졌다.

그래서 영어와 멀어지려 한 적도 있었다. 영어가 내 주무기가 되어서는 안 된다, 내가 스스로 개발해낸 나만의 기술이 있어야 한다, 자신 있는 분야를 만들어야 한다. 그런 강박으로 이곳저곳을 기웃거렸지만 어떤 직무에 지원하든 고용주들은 나의 언어 능력을 가장 필요로 했으며, 현장에서도 그것이 가장 유용하게 쓰였다. 인턴도, 첫 직장도, 모두 영어 덕분에 시작할 수 있었다. 또 주전공이었던 사회학보다 복수전공으로 선택한 통번역학의 학점이 월등히 더 높기도 했다. 알바로 친구들의 시나리오나 영화 자막을 번역할 때면 밤을 지새우는 날이 이어져도 고양감에 피곤한 줄 몰랐다. 그래서 어느 시점부턴가 그 점을 감사히 받아들이기로 했다. 이거라도 할 줄 안다는 게 어디냐.

그렇게 유학생이란 이름표를 간신히 가슴에 붙인 채 외국계 회사에서 인턴을 시작했을 때, 나는 인턴 동기들 사이에서 또 한 번 위화감을 느꼈다. 여러 대륙을 오가며 자란 친구들, 아이비리그 학교를 휴학하고 한국에서 인턴 경험을 쌓아보고 싶어 지원했다는 친구들…… 그들에 비하면 나의 유학 경험은 너무나 짧고, 암울했기 때문이다.

살면서 한국보다 해외에서 산 시간이 훨씬 더 긴 데다 그곳에서 대학까지 나온 그들에 비하면 나는 100퍼센트의 한국인, 한국의 얼 그 자체였다. 그래서 동기들보다 한국 사정을 속속들이 잘 아는 한국 문화 전문가로 인턴 기간을 보냈다. 오리엔테이션 날, 동기들의 자기 소개를 들으며 아이비리그 학생들이랑 인턴을 하고 있다니, 내가 지금 여기 있어도 되는 건가 주눅 들었던 순간을 아직도 생생히 기억한다. 어떤 수치나 자격지심은 잊고 있던 겨울 외투 속 비상금처럼 한참 세월이 흐른 뒤 기억의 공간에 손을 찔러 넣어도 모서리와 테두리가 선명하게 느껴진다.

그 비슷한 감정을 통번역대학원에서도 느꼈었다. 통번역대학원은 하나같이 영어라면 날고 긴다는 사람이 모이는 곳이지만, 그 안에서도 그룹이 나뉘고 우위가 갈린다. 거기서 유학 경험이 전무하거나 나처럼 5년이 채 안 되는 사람들은 스스로를 국내파라고 부르며 출발선이 다르다는 자각에 한숨을 쉬기도 한다. (물론 유학이라는 변수가 통번역 실력을 결정 짓는 것은 아니다. 오히려 국내파로 스스로를 분류한 학생들은 그 라벨을 지워내기 위해 더 열정적으로 파고 들어 훌륭한 통번역가가 되기도 한다.)

나는 순수 국내파라고 말하는 친구들에 비하면 영어가 편하고 만만했지만, 영어권 국가에서 고등교육을 모두 마치고 귀국한 친구들에 비하면 철없는 고등학생 수준의 영어를 구사했다. 번역할 때야 레퍼런스의 도움으로 문체나 어조를 조절할 수 있었지만 통역을 필요로 하는 공식적인 행사에서는 써먹기 어려운 수준의 영어였다. 그게 늘 창피하고 수치스러웠다. 바깥 사람들은 몰라도 대학원에 모인 이들에겐 내가 구사하는 언어의 수준을 판별할 귀가 있었다. 동기들에게는 내가 3년이라는 짧은 기간 동안 눈물과 자아를 담보 삼아 겨우 배워온 영어가 실은 열일곱 살짜리의 언어 그 이상도 이하도 아니라는 사실이 쉽게 간파될 것이었다. 그게 너무 무섭고 두려워서 1학년이 끝날 때쯤에는 영어 울렁증이 생겼다. 말을 할 때마다 허술함이 들통나는 바람에 아예 영어를 내뱉는 일 자체를 하고 싶지 않아졌다. 누가 내 말을 듣고 평가하고 있다 생각하면 머리가 새하얘지는 것만 같았다.

공부할 여건이 됐다면 조금 달랐을까. 하지만 장애인 엄마와 취준생인 동생을 둔 소녀 가장이었던 나는 일을 해서 돈을 벌지 않으면 대학원을 다닐 수조차 없었다. 빨리 졸업해 취업을 하지 않으면 저축이나 내 집 마련은 고사하고 학비를 대느라 최대한으로 당겨 쓴 학자금 대출도 갚을 방법이 없었다. 그럴수록 공부가 너무 하고 싶었다. 더 유려한 언어를 구사하는 사람이 되고 싶었다. 하지만 그것보다 더 급한 건 졸업장이었다. 4학기를 무사히 마치는 것이었다. 그런 처지에 대학원생의 삶에 집중하는 일은 사치에 가깝게 느껴졌다. 나보다 여덟 살이나 어린 동기를 볼 때면 그 사실이 더 사무치게 와닿아 부럽다 못해 눈물이 날 지경이었다. 나는 여기까지 오는 데 너보다 8년이 더 걸렸는데, 8년이면 학부를 두 번 졸업하고 대학원은 네 번이나 다닐 수 있는 시간인데, 너에게는 그 시간과 에너지가 허락되었구나. 내가 여덟 살만 어렸다면, 학부를 마치자마자 대학원에 갈 수 있었더라면……. 상대적 박탈감으로 인한 시기였을까, 아니면 나의 모자람을 마주할 자신이 없어 둘러댄 졸렬한 핑계였을까? 영어 공부를 할 게 아니라 미용 기술을 배우든 동대문에 나가 도매상을 뛰든 해. 대학원에 가겠다며 퇴사를 통보한 날 엄마는 말했다. 나는 그렇게 했어야 하는 팔자였을까?

하지만 그런 가정이나 고민이 먹고사는 데 무슨 도움이 되겠는가. 일단 사회 성원으로 1인분의 몫을 하려면, 그러니까 더 이상 빚을 내지 않고 생계를 유지하려면 돈을 벌어야 한다. 애초에 공부를 하고 싶다는 마음은 욕심이었는지 모른다. 애초에 졸업장은 취업을 위한 도구로밖에는 쓰일 수 없었는지도 모른다.

계약직으로 다니던 회사의 근무 시간과 번역 외주 일 때문에 동기들과 스터디를 잡을 수 없었던 나는, 영어 울렁증을 이겨보겠다고 전화 영어를 두 달간 했다. 미미하지만 효과는 있었다. 수업 시간 때보다 훨씬 더 가벼운 생활 영어로 대화를 나누다 보니 영어를 내뱉는 일이 이전보다는 덜 두려웠다. 어느 정도 입이 풀리자 영어 면접이나 졸업시험에 대한 부담감도 줄었다. 그 덕분인지 몰라도 나는 대학원 졸업장보다 현 직장의 오퍼 패키지를 먼저 받았고, 회사가 생계 걱정을 덜어준 덕분에 남은 졸업시험까지 무사히 마치고 석사학위도 받을 수 있었다.

지금 다니는 회사는 실리콘밸리에 본사가 있는 데다 고객사의 90퍼센트가 해외 기업이라 영어가 공식 언어다. 앞에서도 말했지만, 나는 그곳에서 고객사 엔지니어들을 위해 영어로 코드 매뉴얼을 작성한다. 10년 넘게 문과 공부만 해온 사람에게는 이미 외계어 같은 프로그래밍 언어를 국제 공용어 레벨의 영어로 설명하는 것이 주요 업무이기에 영어 구사력과 커뮤니케이션 능력이 필수인 직무다. 그래서 우리 팀은 해외 국적자나 장기 유학파가 대다수다. 일상적인 대화에서 팀원들의 미국 가족이나 친구들, 해외에서 보낸 어린 시절 이야기를 듣노라면 언제나처럼 위화감이 들었다. 멀티버스 속 나와 그들의 과거를 비교해보려 해도 영 그려지지 않는다. 나와는 멀리 있는 그 이야기를 다 듣고 나면, 나는 유학 시절 속 몇 없는 즐거운 장면을 크게 확대해 가장 예쁜 부분만 동료들에게 나눠준다. 피눈물로 얼룩진 부분은 나 혼자만 간직한 채. 그렇게, 나는 내가 타고 올라온 사다리를 있는 힘껏 걷어찬다.

오키나와 왕복 항공권 34,100원
할부 회차 4/5

오키나와 왕복 항공권은 서로 다른 항공사로 끊었다.
인천발 오키나와행은 티웨이, 오키나와발 인천행은
이스타항공. 각각 12만 원이 좀 안 되었던 걸로 기억한다.
왕복 항공권 24만 원도 일시불로 못 사는 주제에
해외여행이 웬 말이냐고 따지려는 사람이 있다는 걸
안다. 분명 있다. 왜냐하면 이 사회에는 알바비를 모아
나이키 농구화를 산 소녀 가장에게, 생애 첫 해외여행을
떠난 기초생활수급자에게 분수에 맞지 않게 감히 유명
브랜드 신발이냐며, 해외여행이냐며 손가락질하는 사람들,
너 그렇게 호화롭게 살라고 내가 세금 낸 것 아니라며
노발대발하는 사람들이 있으니까.
　　구글 검색창에 기초생활수급자와 해외여행을 함께

적어 넣으면 '기초생활수급자 해외여행금지'라는 제목의
국민청원이 뜬다. 제목이 곧 내용이다. 기본 생계 유지조차
어렵다며 국가에서 지원금을 타 쓰는 사람들이 차량을
소유하고 해외여행을 다니는 게 말이 되느냐고 주장하는
글이다. 그런가 하면 수급자의 해외여행은 합법이라고 쌀로
밥 짓는다는 소리를 굳이 사실로 적시해주는 유튜브 영상도
있다.

사람들이 생각하는 '빈자다운 삶'이란 어떤 모습인
걸까? 해외여행은 엄두도 못 내고 빛이 들지 않는
반지하방에서 은둔형 외톨이처럼 자신을 가두고 사는
사람? 매일 폐기를 앞두고 할인에 들어간 간편 식품이나
도시락 따위로 삼시 세끼를 해결하는 사람? 명품 가방
같은 건 분수에 맞지 않으니 애초에 탐하지도 않는 사람?
가난한 사람은 더 넓은 세상을 꿈꾸거나 원해서는 안 될까?
욕망할 권리, 자유의지에 따라 선택(혹은 소비)할 권리도
어딘가에서 돈으로 사야 하는 것인가? 선택의 정당성을
판단하는 주체가 본인이 아니라 타인이 될 수 있단 말인가?
가난한 사람이 가난한 것은 그의 잘못인가? 그를 탓할
권리는 어디서 오는가? 그 권리마저 돈으로 사는 것일까?

2018년 12월에 올라왔던 문제의 청원은 마감일까지
서명자 수가 일곱 명밖에 되지 않아 조용히 종료되었지만
이런 유의 주장은 잊을 만하면 한 번씩 이곳저곳에서

고개를 든다. 2006년 당시 보건복지부는 같은 주제의
안건이 국정감사에 올라오자 해명문을 내놓기에 이른다.
17대 국회의원 박재완은 2000년부터 2005년 9월까지
해외여행을 다녀온 기초생활수급자가 8만 명이 넘는다며,
기초생활수급자 선정이 허술하게 이루어지며 국세가
낭비되고 있다는 취지로 보건복지부를 힐난했다.[*]
한국관광청에서 제공하는 통계에 따르면 2002년부터
2006년까지 국내 해외 출국자는 4472만 명이 넘어,
동년 전체 인구의 18퍼센트에 달했다.[**] 대한민국 국민
18퍼센트는 1년에 1회 이상 비행기를 탄 셈이다. 박재완
의원이 제시한 자료에 따르면 조사 기간 동안 출국한
기초생활수급자는 8만 2244명으로, 전체 출국자의 약
0.2퍼센트에 불과했다(정확하게는 약 0.18퍼센트). 2002-
2006년 전체 기초생활수급자 380만 3997명을 기준으로
보면 그중 2.1퍼센트만이 비행기를 탔다는 말이다.

2025년 기준 기초생활보장 수급 가구 중 4인 가구의
생계급여는 200만 원이 채 되지 않는다. 당연히 4인이
살기엔 턱없이 부족한 금액이다. 가족 중 경제활동이

[*] 황정욱, 「"기초수급자 8만2천명 해외여행 다녀와"—박재완 의원
국감자료에서… 수급자 선정에 '허점'」, 『한겨레』, 2005년 9월
22일 자.
[**] 한국관광데이터랩 웹사이트(datalab.visitkorea.or.kr) 내
관광통계/실태조사, 관광라이브러리, 관광통계/발간보고서
'연도별 통계(1975년-2024년)' 참조.

가능한 누군가는 노동을 해야 할 텐데, 일정 금액 이상의 근로 수익이 발생하면 수급자 자격이 박탈된다. 결국 그는 법의 사각지대에서 돈을 벌 수 있는 방법을 찾아 나설 것이다. 운이 좋으면 4대보험이나 근로계약서 따윈 바랄 수도 없는 일터에서 테이블 밑으로 전달되는 일급이나 주급을 받으며 일하게 되겠지. 그런 사람들은 해외여행을 가서는 안 되는 걸까? 해외여행을 갈 '자격이 있는' 사람은 어떤 사람들일까? 사람들이 기초생활수급자의 생활에 대해 알 수 있는 것은 그들이 받는 생계지원비뿐이다. 그런데 도대체 무엇을 근거로 국민의 5퍼센트(2025년 기준)는 해외여행을 갈 자격이 없다고 비판하는 것일까?

돈을 어떻게 쓸지는 그 돈을 손에 쥔 사람이 결정할 문제다. 세금이야 내가 국민으로서 국가의 존속과 운영을 위해 기여한 바가 있으니 그 돈이 어디서 어떻게 쓰이는지 감시할 권리가 있다. 하지만 그게 누군가의 기본권을 보장하기 위해 그의 손에 쥐여졌다면, 그가 그 돈을 어디에 어떻게 쓰기로 하든 '형편'이나 '자격'이라는 단어를 들이밀며 양심을 운운하거나 비난할 수 없다. 감히 내가 낸 돈을 그런 데 쓰느냐고 역정을 내는 것은 기업의 주식을 사는 투자자의 논리다. 그러한 개입과 비난이 정당하다고 생각된다면 이는 사람을 재화로 보는 것이다. 자본주의의 계산을 앞세운 위선이다.

그리고 이 말은 누구보다 나 자신에게 해주고 싶다. 괜찮아, 네 분수에 맞지 않는 짓 같은 건 없어. 할부로 비행기 티켓을 끊은 너는 이 사회가 아닌 신용카드 회사의 고객이자 채무자일 뿐이야.

오키나와에 가면 주로 세 가지를 한다. 걷고, 헤엄치고, 사진 찍고. 그나마 덜 뜨거운 아침에 가볍게 동네를 한 바퀴 돌고 점심이 지나면 바다에서 수영이나 스노클링을 한다. 집에 돌아와 수영하는 동안 벌겋게 달아오른 피부를 한김 식히고 나면 점심도 저녁도 아닌 애매한 시간이 된다. 시계를 읽을 줄 모르는 사람처럼 밥때가 한참 지나서야 구글 지도에 별표를 찍어둔 식당에 가서 오키나와 가정식이나 시장 골목 팥빙수, 체인점 덮밥 같은 걸 먹는다. 그렇게 겨우 하루 한 끼 식사다운 식사를 하고 나선 식당까지 오는 길에 눈도장 찍었던 이곳저곳을 사진으로 담으며 숙소로 돌아온다.

종종 헤엄치면서도 사진을 찍을 때가 있는데, 바닷속에서 마주치는 장면들을 친구들에게 꼭 보여주고 싶어서다. 첫해에는 방수 필름카메라를 가져갔는데, 초점이 제멋대로라 스물일곱 컷 중 제대로 나온 사진이

서너 컷밖에 되지 않았다. 그래서 다음 해에는 지인에게 액션캠을 빌려 갔고, 그다음 해에는 여행 상품을 파는 앱에서 고프로를 대여했다. 대엿새쯤 빌릴 생각으로 찾아보니 가장 저렴한 업체는 4만 5000원 정도였다. 하지만 나는 배송비를 포함해 5만 1000원에 카메라를 대여해주는 곳을 골랐다. 할부로 결제해야 했기 때문이다. 당장 다음 달에 4만 원을 내는 것보다 1만 원씩 5개월간 할부를 갚아나가는 편이 나에게는 경제적으로도, 심리적으로도 부담이 덜 됐다.

경제학자들이 늘 하는 말이 있다고 한다. 인간이 합리적인 결정만 내린다면 자본주의사회에 가난한 사람은 없을 거라고. 당장 한 푼이 아쉬운 판에 동일한 상품을 4만 원에 살 수 있는 기회를 자진해서 포기하고 굳이 5만 원에 파는 업체와 거래하는 나를 경제학자들은 이해할 수 없겠지. 하지만 고정 수입이 없는 내게 이 소비는 4만 원과 5만 원 사이의 선택이 아니라 4만 원과 1만 원 사이의 선택이었다. 다음 달까지 시간을 조금이라도 벌어보려는 것이기 때문이다.

하지만 상황은 나아질 기미가 보이지 않고 가난이 지속될수록 비합리적 소비는 늘어만 간다. 매달 카드 결제일이 돌아오면 가난했기에 경제학적 관점에서 멍청할 수밖에 없었던 지난달, 지지난달, 그리고 그 전달의 내가

내린 선택들을 수습하며 허덕였다. 바다에 빠져서 당장의
갈증을 해결하겠다고 소금물을 삼켜대는 조난자처럼,
할부가 늘어갈수록 부채의 늪으로 빠져들게 된다는 걸
알면서도 나는 할부 결제를 멈출 수가 없다. 당장 다음
달을 무사히 넘기기 위해서는 파이프라인을 늘리든가
소비를 극단적으로 줄여야 했는데, 전자를 성취할 에너지도
시간도 의욕도 없고, 그렇다고 후자를 실현시킬 방법도
딱히 떠오르지 않았다. 그래서 할부라는 편법을 쓴다. 분할
납부라는 마법의 지팡이를 휘두르면 마치 카메라 대여비로
5만 원이 아니라 1만 원만 쓴 것처럼 통장을 속일 수 있다.

　다른 사람들은 할부 시스템을 어떻게 활용할까?
주변에 물어보니 사람들은 어지간해선 할부로 물건을
사는 일도 없거니와 가격이 100만 원 단위를 넘어가야
할부를 고려한다고 했다. 무이자를 72개월까지 해준다고
해도 3개월 이상은 끊지 않고. 할부금이 많을수록 신용
점수에 좋지 않기도 하거니와, 어쩐지 생면부지 남인
카드사에 약점을 잡히고 싶지도 않아 할부를 끊지
않는다고 한 친구도 있었다. 이런 걸 미리 알려주는 사람이
있었더라면 조금 더 계획적으로 가계 경제를 굴리는 어른이
되었으려나. 하지만 인생이 어디 계획대로 되겠는가. 나는
미래를 담보 잡아 현재를 사는 용도로 쓴다. 온 힘을 다해
코르셋을 조이다 간이 두 동강 나는 일도 있었다던 유럽

귀족들처럼, 허리띠를 조르고 조르다 허리가 끊어질 것 같은 달에는 일시불로 계산해야 하는 2-3만 원도 부담돼서 당장 필요도 없는 물건을 끼워 일부러 결제액을 불리는 일도 부지기수다. 그래야 할부로 한 달에 감당해야 하는 금액을 줄일 수 있으니까. 예컨대 쌀 4킬로그램과 우유, 양파, 세탁 세제를 사야 한다고 하자. 쿠팡으로 주문하려고 보니 총 4만 5000원쯤 나온다. 이미 이달 예산에서는 당장 필요한 물건을 살 여유가 없고, 카드대금 정산일은 일주일 후다. 쟁여둬도 되는 물건 중에 5000원짜리가 뭐가 있더라, 탐폰을 사야겠다, 그럼 5만 3000원쯤 되는구나, 5개월 무이자 할부가 되는 카드로 결제해야지. 이런 흐름이다. 구매처마다 제공하는 카드별 무이자 할부 혜택이 다르지만, 어디서 무슨 카드로 사든 무이자 할부가 가능한 최대 개월수를 선택한다.

그리고, 이 얘기까지는 정말 안 하고 싶지만, 5개월 할부로 5만 원짜리 소비도 할 수 없을 때에는 일단 일시불로 결제해둔 뒤, 카드대금 정산일이 지나 고객 센터로 전화를 건다. 그다음 해당 항목에 대해 분할 납부를 신청한다. 그러니까, 9월 청구 금액이 9월 1일에서 30일까지 결제한 금액을 합한 것이고, 그걸 10월 15일쯤 납부해야 한다고 치자. 위에서 예시로 든 5만 3000원짜리 장바구니를 9월 25일쯤에 일시불로 결제한다. 그리고 달력이 10월로 넘어가자마자 고객 센터에 전화해 이 항목에 대해 3개월 할부를 요청하는 것이다. 나는 내게 주어진 유일한 신용카드인 현대카드의 골드 프렌즈 고객*인 덕분에 6개월까지도 무이자 할부 혜택을 받았다. 그렇게 분할 납부가 승인되면 9월 25일에 일시불로 결제된 내역은 10월 할부 품목으로 다시 계산해야 하기 때문에 10월 1일이 할부 시작일이 된다. 다시 말해 9월 청구 금액에서는 5만 3000원이 제외되고 3개월 할부는 10월 결제대금으로 잡히는 것이다. 그러면 내게는 5만 3000원—정확히는 5만 3000원을 3개월로 나눈 금액—을 벌 수 있는 30일의 말미가 생긴다. 어지간하면 이렇게까지는 하고 싶지 않지만, 정말 필요한 물건을 당장 사지 않으면 안 될 때—가령 꼭 갖고 싶던 가전제품이 블랙프라이데이 행사로 40퍼센트 할인에 들어갔다거나 반년째 장바구니에만 담아두었던 리퍼브 모션데스크가 재입고되었다는 알람이 떴을 때—는 일단 이렇게 일시불로 결제해놓고 추후에 할부로 전환한다.

하지만 분할 납부를 신청하려고 고객 센터에 전화를 걸 때마다 조마조마하다. 이런 할부 전환 방식을 자주 쓰는

---

* 현대카드가 장기 고객 혹은 내부 규정에 따라 우수 고객으로 분류한 사용자에게 부여(?)하는 명칭.

고객으로 분류되어 블랙리스트에 오르게 되는 건 아닐까? 카드사 데이터베이스는 인공지능으로 작동되고 있어 이런 고객을 전담하는 상담원에게 나를 배정하는 건 아닐까? 그럼 그 상담원이 이전 할부 신청 내역까지 보고는 내 소비 패턴을 한심하게 생각하지는 않을까? 언젠가 이런 식의 할부 전환은 더 이상 접수받지 않는다는 최후통첩을 듣게 되지는 않을까? 그럼 그때부턴 어떻게 살아야 하지……. 이런저런 생각에 불안하고 수치스러워 통화 연결음이 들려올 때부터 한시바삐 전화를 끊고 싶어진다. 이렇게 날 괴롭게 하는 습관성 할부도 끊고 싶다. 다 끊어내고 싶다. 결제일이 다가오면 이 불편한 전화를 이번 달에도 해야 한다는 생각에 명치 위 누름돌이 열 개는 느는 것 같다. 하지만 이 달을 살아내기 위해서는 결제액을 최대한 잘게 쪼개야 한다. 할부 없이 살 수 없는 사람이 되면, 목숨까지 나눠 쓰는 기분이 든다.

그해 오키나와 여행에선 총 세 곳에 머물렀다. 처음 들른 오지마에서의 1박 2일은 별다른 사건도, 기억에 남는 순간도 딱히 없었다. 하지만 그런 것은 모두 괜찮았다. 곧 오키나와 할머니, 할아버지를 만나러 갈 것이었으니까.

나의 오키나와 가족은 작은 바닷가 마을에 산다.
그들이 사는 곳은 이름하여 오민 게스트하우스. 처음엔
아무것도 모르고 찾아간 시골 마을의 낡은 옥탑방일
뿐이었지만, 이제는 주인 노부부인 오민 상과 사치코 상을
'오키나와 할아버지 할머니'라고 표현할 정도로 나에게
소중한 곳이 됐다.

　　북적이는 쇼핑가나 중심지보다는 인적이 드문 골목을
좋아하는 까닭에 여행을 가도 외진 곳을 찾아다닌다.
이토만시도 그렇게 정한 목적지였다. 구글맵으로
오키나와의 해안선을 따라 스노클링을 할 수 있는 작은
마을을 찾다 발견했다. 외딴 바닷가 마을인 이곳에선
인터넷으로 찾을 수 있는 민박집도 고작 다섯 곳뿐이다.
그중에서도 에어비앤비에 걸리는 곳은 단 두 집. 한 집은
단독주택 전체를 내어주는 곳이라 3인 이상 가족 단위
예약만 받을뿐더러 연박도 안 된다고 하여 남은 숙소를
잡은 게 오민 게스트하우스였다. 숙박료를 모두 지불하자
주인 아저씨에게 메시지가 왔다. 도착 시간이 늦거들랑
친히 픽업하러 공항이 있는 나하시까지 나오겠다고. 원래
제공되는 서비스가 아니었다. 그저 선의로 물어봐준 것.
아는 얼굴 하나 없는 타국에 나를 기다리고 있겠노라
약속해주는 사람이 있다니. 여행이 아니라 귀향이라도
하는 듯 가슴이 벅찼다. 면세점에서 산 약소한 선물—한국

과자─을 들고 들뜬 마음으로 비행기에 올랐다.

나하에 도착하니 어쩐 일인지 현지에서 쓰려고 산 유심 칩이 먹통이 되어 주인 부부에게 연락할 방법이 없었다. 몇 시에 어디서 만납시다, 미리 정하고 비행기에 오르긴 했지만 날이 저물어 어둑어둑해진 이국의 풍경은 낯설게만 보였고 적대적으로 느껴지기까지 했다. 게다가 약속 장소도 내 예상과 달랐다. 우리는 겐초마에역 3번 출구에서 만나기로 했다. 공항에서 모노레일을 타고 겐초마에역에 도착해 3번 출구로 나가보니 그곳엔 역외 지상으로 내려가는 육교와 역내 지상층으로 내려가는 엘리베이터가 있었다. 어디로 가야 하지? 육교 아래인가? 위인가? 엘리베이터 앞인가? 밤은 계속 깊어져가고, 나는 엄마손을 놓친 어린아이처럼 어리둥절한 눈으로 주위만 두리번거렸다. 그때 육교 계단 아래서 올라오던 아저씨와 눈이 마주쳤다. "오민 게스트하우스. 안녕하세요"라는 한글이 큼지막하게 적힌 스케치북을 들고 올라온 그는 헐렁한 카고 반바지 차림에 슬리퍼를 신고 있었다. 깡마른 체격에 하와이안처럼 짙은 갈색으로 그을린 피부가 어딘가 미묘하게 부조화스러웠다. 아저씨는 나를 향해 다가오며, "나온상?"하고 조심스레 묻고는 이내 환하게 웃어 보였다. 가까이에서 뵈니 오민 상은, '뵈었다'고 적어야 할 만큼 연로한 할아버지였다. 오민 상을 따라 육교 아래로 내려가니 차 안에는 할머니가 기다리고 있었다. 내가 이 늦은 시간에 픽업을 나와달라고 하는 바람에, 밤눈도 어두울 두 어르신이 40분 거리의 시내까지 나와 나를 기다리고 있었던 것이다. 이런 분들의 차를 얻어타겠다고 했다니, 여간 죄송한 게 아니었다.

그리고 차에 올라타자 시작된 일본어 능력 시험 시간. 내가 아는 일본어라고는 어릴 적 스마프SMAP의 예능 영상을 보거나 노래를 들으며 배운 "보고 싶어, 안고 싶어, 눈물이 바다처럼 차올라, 너를 찾고 있어, 아침을 기다리며, 함께 미래로 가자" 같은 말뿐이라 대부분의 질문에는 "하이 하이(네 네)" 하거나 웃음으로 눙칠 뿐이었지만 두 어르신은 그렇게라도 당신의 언어로 소통하려는 내 노력이 기특했는지, 이튿날 일정과 식사 계획을 물었다. 시골이기도 하거니와, 식사 제공은 하지 않는 민박집이라는 걸 이미 잘 알고 있던 터라 "파미리마토(패밀리마트)에서 벤토를 먹을 것입니다"라고 했더니 "아침…… 산포…… 강아지…… 커피…… 함께……"(까지밖에 못 알아 들음)라는 대답이 돌아왔다. 뉘앙스상 의문문이라고 추측했을 뿐 무슨 말인지 이해도 못했지만, 일단은 "하이!"라고 웃으며 답했다. "내일 아침 6시 괜찮아요?" 거기에도 뭐가 괜찮냔 건지 모르고 하이 하이. 그렇게 오키나와에서의 첫날밤이 지났다.

이튿날 새벽, 보슬비가 창문을 간지럽히는 소리에 잠시 깼다 다시 곯아떨어졌다. 강아지들이 짖는 소리가 들리는 것도 같았는데, 이상하게 오민 상이 직접 만들었다는 나무침대가 너무 안락해서 몸을 일으키고 싶지 않았다. 그러다 일곱 시쯤 옥탑방에서 나와 난간 아래로 내려다보니 오민 상이 개들 목에 목줄을 채우고 있었다. "오하요!" 하고 잠긴 목으로 인사를 하니 오민 상이 손짓하며 "굿모닝"이라고 답했다.

오민 게스트하우스라는 한글 간판을 내건 이 숙소는 자그마한 2층집이었다. 정확하게는 1층 집 옥상에 작은 옥탑방 하나를 더 얹은 모양이었는데, 내가 지낸 곳은 그 옥탑이었다. 혼자 지내기에 넉넉히 큰 방 하나에 작은 화장실, 적당한 욕실 하나가 딸려 있고 옥상에는 피크닉 테이블과 벤치가 있었다. 모두 오민 상이 손수 만들고 붙이고 다듬은 공간이라고 했다. 평상 같은 모양을 한 원목 프레임의 싱글 침대 두 개도. 간밤엔 정신이 없어 잘 살피지 못했는데, 침대 발치에 있는 작은 커피 테이블 위에는 숙소 사용 설명서와 자잘한 과자가 가지런히 놓여 있었다. '귀여운 집이네.'

옥상에서 내려다보니 도보 10분 거리의 바다가 보였다. 전날 차 안에서 물어본 건 새벽에 강아지들 산책을 하는데 함께 가지 않겠냐는 것이었다. 바다로 가는 길을

보여주겠다고. 다행히 새벽에 비가 오는 바람에 아직 산책
전이었고, 사치코 상은 직접 내린 커피와 얼음 잔, 금귤
몇 알을 올려다주며 이제 산책에 나설 참이라고 했다.
커피를 마시지 않는다는 말을 일본어로 할 줄 모르는
것은 둘째치고 이걸 가파른 계단 위까지 가져다준 정성을
생각해서라도 맛있게 마셔야겠단 생각에 얼른 커피를
들이키고 따라나설 채비를 했다.

오민 상은 스노클링을 하러 왔다는 내 얘기를 듣곤
오후에 함께 바다로 나서주었고, 저녁엔 벤토가 아닌 밥을
먹을 수 있도록 차로 15분 거리에 있다는 쇼핑몰까지
데려다주었다. 이튿날 아침에는 전날 강아지들과 산책하며
주워 온 구아바 몇 개를 커피와 함께 내주었다. 구아바
생과는 처음 먹어본다고 신기해하던 게 기억에 남았는지
떠나는 날에는 나하시까지 차로 태워다주며 검은 봉투에
구아바 몇 알을 더 챙겨주었다. 애초 에어비앤비 숙소
소개난에 픽업 서비스나 조식 같은 것은 제공되지 않는다고
써 있었기에 버스를 타고 찾아갈 각오로 정했고, 식도락
여행을 하는 타입이 아니라 편의점 도시락도 충분하다고
생각했는데 뜻하지 않게 너무 큰 호의와 돌봄을 받은
여행이 되었다.

이듬해 여름에도 나는 오민 하우스에 들렀고,
3박 4일을 머물렀다. 그리고 매일 아침, 사치코 상은

방금 구웠다며 김이 모락모락 나는, 내 얼굴만 한 식빵
한 덩이와 직접 내린 커피 한 주전자를 2층까지 들고
올라왔다. 하루는 우유 식빵, 하루는 호두 식빵. 잼으로는
내가 사간 유자청을 덜어서 내주셨다. (분명 '차'라고
설명했던 것 같은데⋯⋯ 내 일본어가 짧은 탓에⋯ 어쨌든 오렌지
마멀레이드도 생긴 건 이거랑 비슷하니까 유자 마멀레이드라고
생각하고 빵에 발라 먹었다. 생각보다 조합이 괜찮았다.)
할머니는 지난번 동네에서 따 온 구아바를 주었듯, 이번엔
집 뒷마당에서 베어낸 사탕수수로 주스를 만들어주었고,
역시나 신기해하는 나를 위해 집에 가져갈 수 있는진
모르겠지만 껍질을 까서 먹으면 된다며 사탕수수 몇 대를
낫으로 잘라 커다란 봉투에 담아주었다.

처음 그 집에 묵었을 때처럼 철없이 받기만 하는 한국
손녀가 떠날 때가 되자 사치코 상은 갑자기 백화점에 볼
일이 있다고 하더니 나를 나하시까지 배웅해주겠다고
나섰다. 백화점에 다다랐을 때 내가 여기서 내려도
괜찮다고 하니 사치코 상은 한사코 손을 저으며 나를
다음 숙소 앞까지 데려다주었다. 나를 내려주며 "우리를
오키나와 할머니, 할아버지라고 생각해주세요"라고 하는
말을 듣는데, 사실은 백화점에 볼일 같은 건 처음부터
없었던 게 아닐까 하는 생각이 들었다. 멀어지는 차
뒤꽁무니를 한참 바라보다 생각이 거기에 미치자 난데없이

눈물이 핑 돌았다. 구운 김 몇 팩과 유자차, 산책하는 오민 상과 사치코 상, 강아지들의 뒷모습을 담은 사진 액자를 선물했을 뿐인데, 하룻밤에 고작 3만 원 돈밖에 안 받고 내가 뭐라고 이런 수고를 할까. 힘겹게 발걸음을 옮기려는데 눈물이 줄줄 흘렀다.

물론 그 얼마 안 되는 숙박비도 모두 할부로 끊었다. 이것도 이달까지구나. 하지만 여행에서의 기억은 60개월 할부로 끊어서 다락방 꿀단지처럼 조금씩, 삶이 퍽퍽하고 목이 메일 때마다 꺼내 먹는다. 이번 오키나와 여행은 3개월 할부로 30개월도 버틸 수 있을 만큼 좋은 여행이었다. 여전히 오키나와를 떠올리면 눈물이 나고, 웃음도 난다. 오키나와에서의 추억은 해를 넘기고 또 넘겨도 바래지 않는다.

정말로, 좋은 여행이었다.

향수 29,400원
할부 회차 1/3

공항에 가는 김에 좋아하는 향수를 구매했다. 네 형편에
향수 같은 사치품을 살 때냐고 물을 수도 있겠지만 나에게
향수는 의복의 연장선에 있는 물품이요, 사회적 매너를
따르기 위한 수단이다. 사회활동을 하는 동안 내 작고
하찮은 존엄을 지키고 타인의 쾌적한 환경을 해치지 않기
위해 반드시 필요한 물건이다. 적절한 사회화를 거친
도시인이라면 집을 나설 때 응당 맨몸으로 나서는 대신
의복을 걸치듯, 나는 향수를 뿌린다.

　　동물적 오감을 타고난 사람은 아닌데, 나는 유독
냄새에 민감하다. 소설『향수』의 주인공처럼 세상을 향으로
인지하는 정도의 후각은 아니지만, 특정 냄새에 강렬하게
반응한다. 그 냄새가 나면 학습된 불쾌감과 혐오감이

인다. 몇 가지 열거해보자면, 빨래를 습한 곳에 오래 두면
나는 쿰쿰한 냄새, 염도가 높은 땀이 식을 때 풍기는 짜고
비릿한 쉰내, 습기는 높은데 환기가 전혀 되지 않으면
유령처럼 공간 어딘가에 숨어 있다 조용히 피어 오르는
곰팡이 냄새, 그 공간에 늪처럼 괴어 있는 서늘한 공기의
매캐한 냄새, 생선 껍질과 뼈에 남은 살점이 부패하며
내뿜는 썩은 내……. 전부 해가 잘 들지 않거나 통풍이
안 되는 실내 환경에 고이는 냄새다. 어느 누가 맡더라도
좋아할 냄새는 아니지만, 나에게 이 냄새들은 단순히 코
점막의 후각세포를 자극하는 정도를 넘어 총알 같은 속도로
해마에 도착해 잊고 싶은 기억의 방 앞에서 종을 울려대는
촉매다. '너는 너무 잘 아는 냄새지? 오랜만이지?'

땀을 별로 흘리지 않는 타입이라 땀 냄새 같은 체취로
걱정하진 않는데, '그 냄새'가 내 몸에서 풍길까는 늘
주의하고 조심한다. 곰팡이균이 구렁에 물 고이듯 고인
공기에서 풍기는 냄새. 습기 찬 시멘트 바닥 위에 싸구려
비닐 장판 한 장 덜렁 깔려 있던 내 방에서 여름 겨울 할
것 없이 사시사철, 역할 정도로 진동하던 바로 그 냄새.
이렇게 글을 쓰는 지금도 생생하게 떠오른다. 10년 넘게
동고동락한 냄새인 만큼 누군가에게서 맡으면 그가 어떤
공간에서 지내고 있는지 대충 그려질 정도로 몸서리치게
익숙한 냄새. 내게는 가난의 상징인 냄새. 「기생충」에서

기택의 마지막 존엄을 무너뜨린 냄새. 내 세포 사이사이에 스며들었을 그 냄새를 들킬까 봐 몸을 움츠릴 때가 있었다.

반지(상)층이라는 이름으로 부르지만 사실은 반지하일, 지은 지 30년은 족히 넘었을 우리 월셋집은 독특한 구조를 자랑한다. 작은 골목길 두 개가 만나는 꼭지점에 위치한 우리 집은 현관과 현관 맞은편으로 보이는 안방은 언덕길에 면하고 있어서 그래도 빛이 좀 드는 편인데, 현관 왼편에 위치한 주방과 집 가장 안쪽 공간을 차지한 내 방으로는 한 조각도 닿질 않는다. 이 반지층 집에서 가장 음습한 구석이 내가 하루를 보내는 곳이다. 골목으로 난 커다란 창문을 통해 시린 새벽 택배 트럭이 로켓과 같은 속도로 달리는 소리, 쓰레기차가 헨젤과 그레텔이 빵 조각 흘리듯 지나간 골목마다 흘리고 간 냄새, 해가 뜨고 지는 바깥 풍경, 세상 돌아가는 소식까지 들어오는 안방과 달리 내 방 창은 언덕을 깎아 만들었을 시멘트 벽을 마주하고 있어 채광은커녕 맞바람이 불 수 없는 구조라 환기도 되지 않는다. 여름엔 종일 제습기를 틀지 않으면 옷장 뒤, 장판 아래서 피어난 검푸른 곰팡이꽃 냄새가 스멀스멀 올라와 견딜 수가 없다. 상대적으로 건조한 가을 겨울에도 나는 방 안에 제습제를 박스째로 쌓아두고 살았다. 외출할 때에는 제습기가 네 시간 정도 더 돌아가다 꺼지도록 습관적으로 배수통이 비었는지 확인한 뒤 예약

시간을 최대로 설정해두고 나갔다. 어쩌다 배수통을 미리 비워두지 못했거나, 예상보다 집에 늦게 귀가한 날이면 방문을 열자마자 곰팡이 냄새가 강아지처럼 가장 먼저 달려 나와 나에게 들러붙었다. 그 냄새는 이렇게 말하는 듯했다. '현실로 돌아온 걸 환영해.'

나보다 더 오랜 시간 내 방에 머무르는 것은 내 소지품들이다. 그중에서도 옷, 침구처럼 직물 소재로 된 물건들에는 떨어진 지 한참 된 김치 국물 자국처럼 반지하 냄새가 깊게 배어 아무리 삶아도, 섬유유연제를 바꾸고 또 바꿔도 사라지지 않았다. 겨울에만 꺼내 입는 패딩에서도, 더스트백 안에 소중히 모셔둔 가방에서도, 가장 먼저 몸에 걸치게 되는 속옷에서도 그 냄새가 났다.

영서라는 친구가 있었다. 영서와 인사할 때면 나는 그 아이를 꽉 끌어안고는 했는데, 한번은 걔가 이런 말을 했다.

언니한테는 언니 냄새가 나. 섬유유연제 냄새도 아니고, 뭔지 모르겠는데 뭔가 언니 특유의 냄새가 있어.

향수를 뿌리고 다니지 않았던 시절이라 당시에는 내
체취를 말하는 것인가 보다, 나쁜 냄새는 아니니 나를
끌어안고 킁킁대는 거겠지 하고 대수롭지 않게 여겼다. 그
일이 있고 한참이 지나 옷장 서랍에 넣어뒀던 반팔티를
꺼내다 '언니 냄새'의 정체를 알게 되었다. 그것은 옷장
깊숙이 밴 퀴퀴한 반지하 냄새였다. 냄새의 정체를 깨달은
순간, 옷장 앞에서 얼굴을 붉힌 채로 한참 서 있었다.
영서가 별 뜻 없이 한 소리일 수 있다. 정말 내 몸에서 나는
특유의 살 냄새였을 수도 있다. 사람은 자기 체취를 알 수
없다고 하니까. 하지만 옷의 주인인 나조차 맡을 수 있을
정도로 짙게 밴 냄새라면 남들은 이미 알았을 것이다.

이 집에서 나갈 거야. 진짜 이 지긋지긋한 집에 다시는
돌아오고 싶지 않아. 너무 수치스러워서 눈물이 핑 돌았다.
내가 아무리 깔끔하고 단정하게 차려입는다 해도 내가
알아차릴 수 없는 냄새까진 어찌 할 수 없는 노릇 아닌가.
나는 곰팡이들과 사는 셈이니까. 내가 이 집에서 들이쉬고,
먹고, 마시고, 입고 걸치는 모든 것에 그것이 슬어 있을
것이다. 싫다. 이 반지하 집에 가득 슬어 있는 곰팡이
냄새를 온 몸에 묻히고 다녔다니. 너무 싫다.

그날부턴 옷을 입기 전에 무조건 냄새부터 확인한다.
옷장 냄새가 나기 시작한다 싶으면 새빨개진 얼굴로,
빈집에 숨어든 강도처럼 서랍이란 서랍은 죄다 탈탈 털어

빨래를 돌린다.

　가난이 싫은 이유로 치자면 가난 때문에 욕구를 유예하는 일쯤 대단히 중한 것도 아니다. 욕구를 절제하는 일은 한때 청렴하고 검소하다고 칭송받던 태도니까. 하지만 가난으로 인해 내 존엄에, 자존감에, 사람들과의 친밀감에 한계가 지어지는 것, 그것이 숨통을 조여와도 타격이 없는 척, 원래 좁고 초라한 자아를 타고난 척해야 하는 것─이것이야말로 절망스럽고 견딜 수 없는 것이다. 내 입으로 들어와 내 몸 밖으로 나가는 것, 몸 위에 걸치는 것까지, 가난은 나를 관통한다. 나는 가난에 절여진 청어 같은 건가.

　한국계 미국인 시인 캐시 박 홍은 『마이너 필링스』에서 수치심을 "원숭이의 뻘건 엉덩이처럼" 감추고 싶은 나의 일부가 세상에 훤히 드러났음을 "매섭고 따갑게 인식"하는 감정이라고 적었다.[*] 나에게도 남사스러울 정도로 벌겋게 부푼 엉덩이가 붙어 있다. 그 사실을 잊을 수는 없지만, 허리춤에 수건 한 장만 둘러도 그 치부를 남들 눈에 보이지 않게 가릴 수 있지 않을까. 수치스러워하기를 멈추고 자아를 지키는 방법은 그토록 간단할 수 있다. 옷 위에 향수 한 겹만 덧입히면 될 일이다.

* 캐시 박 홍, 『마이너 필링스』, 노시내 옮김, 마티, 2021, 109쪽.

그렇게 향기 막으로 나의 연약한 처지를 보호해주는 나의

갑옷, 나의 향수.

누군가에게 드림 카가 있다면 나에게는 드림 하우스가
있다. 여유롭게 낮잠을 자거나 쉴 수 있는 데이베드를
허하는 집. 독서와 작업을 위한 서재가 따로 있는 집.
침실 한가운데에는 침대가 덩그러니 놓여 있고 양쪽
머리맡에는 사이드 테이블과 조명 정도만 자리해 있는 집.
발치에 카펫이 깔리면 좋겠다. 크지 않아도 조리대 공간이
널찍하고 넉넉한 팬트리가 딸린 주방, 4-6인용 식탁과
의자가 들어갈 수 있는 식당, 소파와 내가 직접 만든 목재
가구, 오디오를 놓을 수 있는 거실. 기왕이면 통창 옆으로
데이베드를 놓을 수 있는 여분의 공간이 있어도 좋겠다.
오로지 한 가지 목적을 위해 마련된 별도의 공간이 내
생활 패턴에 맞는 수만큼 존재하는, 여백과 독립적 공간을

허하는 집. 주방 겸 식당 겸 복도처럼 용도가 중첩되지 않는 공간이 생활공학적으로 설계된 집. 거실에서 화장실로 향할 때, 혹은 침실 안에서 돌아다닐 때 곳곳에 적재된 짐에 발가락을 찧거나 정강이를 부딪히는 일이 없는 공간, 빽빽이 밀어 넣은 온갖 물건에 떠밀리듯 살지 않아도 되는 공간. 모든 가구를 벽 모서리까지 밀어붙이고, 테트리스 하듯 물건 위에 물건, 물건 틈에 또 물건을 켜켜이 쌓고 끼우지 않아도 되는 공간. 그것이 나의 드림 하우스다.

그리고 기왕이면 그곳에는 내가 좋아하는 건축가나 디자이너의 가구를 들이고 싶다. 가구 디자이너를 꿈꿨던 유학생 시절 책에서 사진으로만 보았던 전설적인 의자들부터 손잡이, 댐퍼(완충기), 레일 등 하드웨어 하나에도 기술을 담아낸 수납장 같은 것들.

허먼 밀러 이야기를 해야겠다. 허먼 밀러는 1923년 설립된 미국의 가구 회사로, 국내에는 200만 원이 넘는 인체공학 의자를 만드는 곳으로 잘 알려져 있다. 그 의자가 바로 허먼 밀러의 사무용 가구 중 가장 유명한 에어론인데, 미국의 빅 테크 기업들에서 직원들에게 복리후생의 일환으로 이 의자를 제공한다고 해서 더 유명세를 탔다.

나도 사실 소문으로만 들었지 허먼 밀러가 어느 정도의 가격대인지, 그래서 그 비싸다는 사무용 의자의 착석감이 어떻다는 건지 아무런 감이 없었다.

그런데 회사에 입사한 지 한 달이 되었을 무렵, 코로나가 터졌다. 최초 감염자의 동선 근거리에 회사 주소지가 포함되는 바람에 우리는 곧장 전면 재택근무 모드로 전환했다. 직원의 건강과 안전을 최우선에 두는 친절한 회사는 재택근무에 돌입하자마자 우리가 업무에 집중할 수 있도록 다양한 사무용품을 지원해주었다. 최신 사양의 맥북과 27인치 듀얼모니터, 모션데스크까지 모두 집으로 보내준 것이다. 하지만 안타깝게도 그 패키지에 인체공학 의자는 없었다. 꿈에 그리던 힙스터 직장인의 홈 오피스에서 딱 하나 사무용 의자만 부족했다. 그래, 여태 없이도 잘 살았는데 뭐 그리 대단한 차이가 있겠나 싶어 쿠션형 사무용 의자를 들여봤지만 시간이 갈수록 상위 호환품에 대한 갈망만 키울 뿐이었다. 복지비도 있겠다, 업무 환경에 투자를 하자, 화끈하게 나도 200만 원짜리 의자에 한번 앉아보자. 결국 입사 2년 차가 되던 해, 나는 회사 복지 포인트로 에어론 대신 미라2를 샀다. 꿈의 홈 오피스를 완성해줄 마지막 한 피스였다. 내가 이런 의자에 앉아 일을 하게 되다니, 꿈꿔왔던 멋진 어른에 한 걸음 가까워진 것 같아 벅찼다.

사무 의자 이전에는 빈티지 소파가 있었다. 독립하고 처음 전셋집으로 이사 올 적에 큰 마음 먹고 구매한 품목은 거실 겸 작업실인 안방에 둘 소파였다. 매그너스 올레센의 민트색 소파. 제작 년도가 분명하진 않지만 1950-1960년대 덴마크에서 생산된 미드센처리모던 스타일의 가구다. 너무나 좋아했던 브랜드의 제품이었기에 빈티지 가구 매장에서 인스타그램에 게시한 사진을 보고 바로 다음 날 성수동에 위치한 숍으로 달려갔고, 열 번도 넘게 앉아보고 뜯어보고 뒤집어본 뒤 집에 와서 48시간을 더 고민한 후 현금 반, 카드 반으로 구매했다. 가격을 들었을 때에도 놀라기는커녕, 당장 내 돈을 가져가시라고 하고 싶을 정도로 마음에 쏙 든 제품이었다. 공공장소에 비치할 목적으로 제작된 소파인 까닭에 착석감은 푹신한 거실용 소파들과 거리가 있지만 세월의 흔적을 느끼기 어려운 완성도 덕분에 여전히 견고한 나의 민트색 소파는 예순 살을 훌쩍 넘긴 지금까지도 쿠션 꺼짐 없이 본 모양을 유지하고 있다. 원목 프레임이 삐걱이는 소리조차 들을 수 없다.

존재하지도 않는 드림 하우스를 꿈꾸며 인생에 큰 이정표를 꽂는 순간마다 나는 거금을 투자해 가구를 들였다. 예술작품을 헤아리듯 '피스'라고 불리며 시장에서 가치를 인정받는 가구가 우리 집에 하나씩 입성할 때마다 '내가 아는 진짜 나'라는 목적지에 한 발자국 더 가까워지는 느낌이 들었다. 제 값을 주고 구매한 오리지널 피스를 용도에 맞게 쓰는 사람. 생활용품 플랫폼에 차고 넘치는 카피 제품이 아니라, 그 모태가 된 오리지널 피스의 브랜드와 디자이너를 알고 있으며 제작에 들어간 창작노동의 가치를 감상할 줄 알고 그만큼 가구를 알뜰살뜰하게 다루고 활용하는 사람. 지불한 값이 아깝지 않은 방식으로 사용할 줄 아는 사람. 내가 마음속으로 그리는 나는 그런 사람이었다. 나를 위해 이 가구들로 그 모습을 실현시켜주고 싶었다. 지인끼리 책 한 권쯤 선물할 수도 있는 것 아니냐며 맡긴 물건 찾듯 나에게 내 책을, 혹은 내 친구들의 창작물을 요구하면 굳은 얼굴로 창작자의 작품은 소비로 응원해달라고 설득하는 나부터, 스스로에게 '깨끗한 사람'이고 싶었던 거다. 창작물의 가치를 알아보는 안목이 있는 사람. 그 가치에 걸맞은 가격을 기꺼이 지불할 용의뿐 아니라 소비력도 있는 사람. 그래서 앞뒤가 다르지 않은 사람. 스스로를 위선자로 만들지 않을 정도의 재력이 있는 사람. 나는 그런 사람이 되고 싶었던 것 같다.

독립하기 일주일 전, 본가 세탁기가 고장났다. 몇

번째 고장인지 헤아릴 수조차 없을 만큼 고장이 잦았던 세탁기다. 수리 기사는 우리 집에 올 때마다 "화장실에 세탁기를 놓고 쓰시면 습기 때문에 기판이 녹슬어서 그렇다"고 하는데, 물로 돌아가는 가전제품이 습기 때문에 고장이 이렇게나 자주 난다면 이건 그냥 기계를 잘못 만든 게 아닌가? 그리고 세탁기를 화장실이 아닌 다른 곳에 두고 쓸 수 있는 집이 서울에, 혹은 대한민국에 도대체 얼마나 있다고 메인보드에 방수 설계를 하지 않는다는 말인가? 그렇다고 수리비라도 저렴한가? 절대 아니다. 고장이 날 때마다 메인보드를 갈아야 한다면서 출장비 포함 13만 원을 요구한다.

　은은하게 반짝이는 꽃무늬가 몸체를 둘러싸고 있는 대우 세탁기는 우리가 그 눅눅한 반지층 집으로 이사가던 해에 이모가 사준 것이다. 10년도 더 전에 30만 원가량을 주고 샀던 걸로 기억한다. 당시 30만 원이면 사실 저렴한 세탁기는 아니었다. 왜냐하면 내가 이번에 분가하면서 산 12킬로그램짜리 LG 통돌이 세탁기가 36만 원이었으니까. 그래서 성능이 좋았느냐? 그건 잘 모르겠다. 흰 셔츠를 빨면 손목이나 목깃에 때가 잘 지워지지 않을 때가…… 잦았다고 쓰려다 생각해보니 한 번도 완벽하게 깨끗했던 적이 없었던 것 같다. 탈수가 시작될 때는 하도 떨림이 심해 그렇게 덜덜거리며 화장실 문 앞까지 네 발로 진격하는 게 아닐까 걱정될 정도였다. 그런 세탁기를 10년 썼다. 내가 직접 수리비를 내서 기억하는 서비스 횟수만 세도 서너 번은 되었으니 그동안 수리비가 세탁기 가격보다 더 나왔던 셈이다. 더는 고쳐 쓰는 걸로 안 될 일 같았는지 이번엔 동생이 새 세탁기를 샀다. 난 어차피 분가할 거니 돈을 내지 않아도 됐다. 동생이 직접 고른 건 이번에도 대우 세탁기였다. 동생 예산에서 살 수 있는 동급 동량의 세탁기는 하이어 아니면 대우인데, 하이어를 사긴 찜찜하니 대우를 골랐을 것이다.

반면, 처음 독립할 때부터 투룸 아파트를 고집한 나에게는 12킬로그램들이 LG 세탁기가 있다. 세탁기는 10년씩도 쓰는 물건이니 꼭 삼성이나 LG를 사라던 주변의 조언에 따라 이틀 만에 골라 사흘 만에 배송된 세탁기는, 믿기지 않을 정도로 조용하고 얌전했다. 세탁기란 게 소음 없이 상하좌우로 들썩거리지 않고도 제 할 일을 해내는 기계였단 말인가, 매번 놀라면서 어디 남은 빨래가 없나 두리번거린다. 자꾸 돌려보고 싶다. 똑같이 화장실에 놓고 쓰는데도 별 투정이나 반항 없이 주어진 작업을 해내는 게 퍽 기특하다. 심지어 셔츠에 묻은 때도 잘 지워진다. (이건 내가 산 액체 세제의 세탁력인 걸까?) 요란 떨지 않고 묵묵히 빨래를 돌리는 소리가 귀여워 그 앞에 주저앉아 멍 때릴 때도 있다. 그럴 때마다 우리 집에 있던 그 낡은 세탁기를

떠올린다. 별 기능도 없으면서 툭 하면 기판이 나가고
버튼이 눌리지 않아 모든 옷감을 표준 코스로 돌려야만
했던 대우 통돌이 세탁기. 10년간 기술이 발달한 것인지,
아니면 10년 전에도 LG 세탁기는 이랬던 건지 궁금해진다.
덜덜이 세탁기가 최선이었던 우리 집은 그런 걸 선택할
수밖에 없는 생활이 계속되는 한 앞으로도 이 고요한
세계와는 분리된 채 살아야 하겠지. 내 세탁기를 볼 때면
죄책감 비슷한 게 올라오며 가슴 한편이 뻐근해진다. 이걸
나 혼자만 알아도 되는 건가. 이런 편리한 세상을 우리
가족은 모르고, 나만 누리고 살아도 되는 걸까.

세탁기가 뭐라고 이런 생각까지 드나 싶다가도,
혼자 비싼 세제 들여놓고, 워런티 10년 보장해주는
브랜드의 백색 가전을 이틀에 한 번씩 돌리며 신나하자니,
언제나처럼 가족 구성원으로서의 자아와 사회적 자아가
양극으로 찢어지고 있는 기분이 든다. 내 가족의 계층과
내가 속한 계층의 괴리가 점점 커져간다. 학력에서
조금씩 벌어졌던 간극은 이제 생활 구석구석에서 격차를
만들어내고 있다. 소득은 물론이거니와 관심 있게
지켜보는 분야, 좋아하는 텔레비전 프로그램, 외식할 때
고르는 식당과 메뉴, 듣는 음악, 사용하는 단어, 매일같이
쓰는 그릇이나 가재도구, 살림살이와 가전제품까지⋯⋯
교집합이 점점 줄어든다. 어떻게든 이 굴레를 벗어나려는

103

내 자의에 의해서, 그리고 변화를 구하지 않는 가족
구성원들의 관성에 의해서.

가족과 분리되고 싶으면서도 내가 적극적으로 분리
과정을 진행시키고 있다는 자각이 들면 죄책감이 밀려온다.
배신자, 저밖에 모르는 이기적이고 배은망덕한 애 취급을
받는 게 억울하면서 화가 나다가도 또 속상하다. 세탁기
하나 놓고 별 잡생각을 다 한다. 이런 게 혼자 사는 일인가
보다.

필름 공구 10,100원
할부 회차 5/5

나의 유일한 취미는 필름 카메라로 스냅사진 찍기다.
여행을 가는 데 사진기를 동반한다기보다는 사진이 찍고
싶어 어딘가로 떠날 때가 더 많다.

2018년 오키나와 여행 때는 한 번도 써보지 않았던
후지 벨비아를 들고 갔다. 당시 더부살이하던 작업실의
주인 조가 준 코닥 포트라 160도 챙겼고, 내가 좋아하는
코닥 엑타 100, 컬러 200까지 여섯 롤쯤 챙겼다. 조는
남아도는 필름이니 맘껏 쓰라고 했지만, 그 비싼 필름을
함부로 가져갈 수는 없는 일이었다. 이미 월 50만 원
어치의 신세를 지고 있는 사람에게 또 공짜 호의를 받을
수도 없었고. 그즈음 조는 나에게 작업 동료이자 가이드요,
단짝 친구였고, 자비 없던 인생이 내게 베푼 최고의 호의

그 자체였다.

그와는 인스타그램을 통해 알게 되었다. 피드에 뜬 사진을 보고 호기심이 가 팔로한 계정의 주인이었던 조는 온라인 활동이 활발하지 않은 사람이었다. 간간이 그의 계정에 사진이 올라오면 색감이 어쩜 이렇담, 감탄하며 꼬박꼬박 좋아요를 눌렀다. 주로 낯선 유럽 소도시들의 풍경이었다. 유학생인가, 프리랜서 외국인 노동자인가, 거주지와 직업이 궁금해질 즈음 조를 실제로 만나게 되었다. 당시 그는 일을 쉬고 있었다. 알고 보니 업계에서 손에 꼽히는 기업에 재직 중이었던 그는 건강상의 이유로 회사에서 장기 휴가를 받았다고 했다. 그런 유급휴가를 허가하는 회사도 다 있구나, 좋은 직장이네. 새삼 놀랐던 기억이 난다. 직장에 출퇴근은 안 하더라도 서울 시내 오피스텔에 한량처럼 누워만 있긴 답답했는지, 조는 집 근처에 작업실을 얻었다고 했다. 평소 취미로 즐겨왔던 사진 작업을 바탕으로 재미난 프로젝트를 시작해보고 싶었다고. 새 책을 준비해야 하는데 작업 공간이 마땅치 않아 고민 중이라는 근황을 전하자, 그는 대번에 자신의 작업실은 어떻겠느냐고 물어 왔다. 진심이냐고 묻자 이번엔 무려 무료 대여를 제안했다. 거절할 이유가 단 하나도 없었다.

작업실을 드나들며 그가 어릴 적 자란 동네, 유학생

시절 이야기, 가족 구성원의 특징까지 나를 만나기 전 거쳐온 큰 징검다리들을 알게 되었다. 평생 가정주부로 살았지만 물건 고르는 안목이 탁월하다는 어머니와 자식에게 억 단위 전세 보증금도 턱턱 내주는 아버지를 둔 조가 부러워졌다. 그가 살아온 세계가 탐났다. 나도 그의 배경과 어울리는 아비투스를 간직한 사람으로 인정받아 그 세계의 일원이 되고 싶었다. 내가 정말 선망했던 것, 능력이나 업적이 아니라 노력으로 성취할 수 없는 어떤 것, 이를테면 가정환경이나 유복한 유년기, 그가 편리하게 향유하는 지성이나 문화 같은 것…… 나는 그런 것 앞에서 한없이 작아졌고 쉽게 무너졌다. 그럴 때 나는 한껏 쪼그라든 자아를 감추려고 스스로를 부풀리는 대신, 어떻게든 기회만 보이면 그 세계로 향하는 문을 찾아 좁은 문틈 새로 나를 밀어 넣었다. 이를테면 그가 좋아하던 클래식 카, 바이닐, 자전거 따위를 함께 즐길 만한 재정적 여유 같은 건 없었지만, 나에게도 어떤 것이 어떤 면에서 탁월하며 아름다운지 분별할 줄 아는 안목이 있다는 걸 보여주려고 노력하는 식으로. 그 문안으로 들어서려면 일종의 출입증이 필요했다.

　당시 내가 나를 증명할 수 있다고 생각했던 유일한 방법은 사진이었던 것 같다. 그래서 필름 스캔본이 도착하면 늘 조에게 가장 먼저 보냈다. 사진을 찍다 보면

'이 컷은 반드시 잘 나온다' 하고 감이 오는 순간들이 있는데, 그런 사진은 늘 기대 이상이었다. 그걸 보여주고 싶었다. 형식적인 리액션이 아니라 저도 모르게 감탄할 때 튀어나오는 칭찬이 듣고 싶었다. 조는 내 사진을 보면 늘 건조하게 칭찬했다. 사진 좋네요, 김 작가님. 나는 그 누구보다 조에게 좋다는 이야기를 듣는 게 좋았다. 다른 사람의 의견은 그다지 중요하지 않았다. 어떤 때는 내 생각조차 조의 반응보다 중요하지 않았다. 조의 마음에 드는 일들을 해내고 나면 나 역시 그의 맘에 들 것이라고 믿었던 것 같다. 아직 실현시킬 수 없는 내 내면의 가능성을 인정받아, 사랑받고 싶었다.

상대와 연인이 된다면 받게 될 애정, 관심, 달라질 호칭, 그 사람을 소개하며 사람들 앞에서 짓게 될 표정, 그로 인해 확장될 나의 세계. 나는 자주 상대를 보면 떠오르는 단꿈과 사랑에 빠졌다. 그러나 사랑인 줄 알았던 그것은 퐁당 빠져들면 기다렸다는 듯이 나를 감싸줄 바다이기보다는 메마른 사막 위 신기루에 가까웠으므로, 현실을 깨닫는 순간 난파선처럼 산산조각 나버리고 말았다.

그해 여름에 찍은 사진은 조에게 보내지 못했다. 무슨 필름을 샀는지, 휴가지에선 무슨 일이 있었는지, 큰맘 먹고 빌린 고프로가 얼마나 무용지물이었는지 재잘대지도 못했다. 여행을 떠나기 한참 전부터 그랬다.

그걸 알고 떠난 여행이라 내내 허전했다. 들어주는 사람이 없는 여행기는, 봐줄 사람이 없는 사진은 존재하지 않는 시간이 된다. 이달이 지나면 명세서에서 필름 결제 내역은 사라질 것이다. 필름에 얽힌 기억을 상기시켜줄 흔적 또한 어디에도 없을 것이다.

조에게,

네 앞에선 내 가난이 창피했어. 다른 곳에서 자랑스러웠다는 얘기는 아니지만 적어도 부정하지는 않았는데, 네 앞에 서면 인정은커녕 곤궁함을 들키지 않는 데 급급해져서 그날 입은 속옷부터 향수까지 몸에 걸친 모든 것의 브랜드와 가격, 구매처를 하나하나 의식하게 됐지. 다른 건 몰라도 가난만은 절대 너한테 들키고 싶지 않았어. 작업실 보증금은커녕 월세도 감당할 형편이 안 돼서 일면식도 없던 네 작업실을 공짜로 쓰던 주제에 가난을 들키지 않으려 한다는 게 어불성설로 들릴지 모르겠지만, 내가 내보여도 수치사하지 않을 정도의 가난은 딱 거기까지였어. 작업실을 대가 없이 빌려주겠다는 낯선 이의 선의를 뻔뻔하지만 기꺼운 마음으로 받는 것.

그래서 네가 작업실에 나온다는 날이면 가방부터 양말까지 아끼는 것들을 골라 매고 신었어. 처음 너희 집에 초대받았던 겨울 밤에도, 곧 벗어던질 게 분명했지만 그렇기에 가장 고심한 게 옷이었지. 서울 외곽의 아웃렛에서 산드로 캐시미어 코트를 50만 원에 샀다고, 너무 저렴하게 건지지 않았느냐며 들떠 자랑했던 네가 내 옷을 벗기다 말고 스웨터의 브랜드 라벨에 적힌 의문의 영단어를 보게 되면, 그래서 갑자기 짜게 식으면 어쩌지, 내가 정체불명의 동대문표 도매상 청바지를 입고 다닌다는 걸 A.P.C. 청바지를 입는 네가 알게 되면 어떡하지. 일상의 모든 면에서 확고한 취향을 고수하는 너에게 어떤 게 가장 먼저 눈에 띌까, 신경 쓰일까. 그런 걱정에 옷장을 뒤지다 계절에 맞지 않게 조금 얇은 스웨터를 꺼냈어. 자라에서 산 흰색 버튼다운 셔츠 위에 몇 해 전 뉴욕 여행 중에 샀던 이자벨마랑 스웨터를 겹쳐 입고 이 정도면 창피할 일은 없겠다 안심했어. 그렇게 입고 면세점에서 반값에 샀던 딥티크 향수를 뿌린 다음 집을 나섰던 게 아직도 기억나.

소비가 취미인 너에게 나는 아마 자본주의에는 맞지 않는 사람처럼 보였을지도 몰라. 네가 100만 원이 넘는 빈티지 오디오 링크를 보내며 너무 예쁘지 않냐고, 곧 이걸 가지러 시외 소도시로 원정을 간다고 들떠서 조잘거리면 나도 가격 따위 대수롭지 않은 척, 디자인에 감탄하는 척했어. 사실 가장 먼저 눈에 들어온 건 브라우저 귀퉁이에 조그맣게 적힌 가격이었는데 말이지. 네가 바이닐을 한 무더기 샀다고 미친 것 같다고 자조할 때면 안타깝게도 나는 아직 꽂힌 바이닐이 없다고, 릴리스 날짜를 깜빡해 한정 수량을 놓쳤다고, 갖고 싶은 건 영 구하기가 어렵다고 둘러댔지. 하지만 그럴 리가 있겠니. 네 박자에 맞장구칠 돈이 없었을 뿐. 그때마다 취향도 안목도 없는 사람처럼 보일까 봐, 그렇지 않다는 걸 보여주려고 온갖 핑계와 위시리스트를 읊어대는 스스로가 너무 구차해서 한없이 우울해졌어. 그런 기분으로 "근데 저는 물욕이 없어서……" 라며 대화를 마무리 지었지.

어느 시점부터는 너도 눈치챘을 거야. 결국은 돈 때문이었다는 걸. 그렇게 되면 더는 네가 좋아하는 것들에 대해 떠들어주지 않을까 봐, 너한테 화제를 골라가며 대화해야 하는 피곤한 상대가 될까 봐, 그게 싫어서, 그런 이유로 네 서클 밖으로 밀려나고 싶지 않아서…… 나는 열심히 글을 썼어. 나도 실은 세련된 안목을 갖추고 있고 좋아하는 디자이너의 최애 작품이 따로 있다는 걸 돈이 없이도 증명해 보이는 일은 글 속에서만 가능했거든. 가끔은 그런 허풍 같은 글로 돈을 벌기도 했어. 게다가 작가라는 타이틀은 어쩐지 가난해도 이해가 되고 용서가 되는 직업 같았거든.

나는 내 가난이 얼마나 오래갈지 알 수 없었어.
어쩌면 가난보다 그게 더 끔찍했던 건지도 몰라. 가난이
금방이라도 해결할 수 있는 문제가 아니라 내가 영원히
함께해야 할, 운명이 점지해준 반려자일까 봐, 그 궁핍하고
더러운 팔자를 너에게 들킬까 봐, 그래서 네가 나를 피해
갈까 봐…… 그게 두려워질수록 더 네 세상으로 편입되고
싶었던 것 같아. 네가 친구들에게 "고지식하지만 냉철한
판단력을 가졌다"고 소개하는 아버님과 "안목 좋다"고
자랑하는 어머님은 어떤 분들인지 궁금했어. 어떤 가정에서
자라야 너처럼 섬세한 미감을 가진 아들이 되는 건지,
그분들이 너에게 물려준 건 뭔지, 그걸 받을 수 있었더라면
나도 내가 그리던 '나'에 가까워질 수 있었을지. 그런
생각을 자꾸 하다 보면, 내 성姓도 버릴 수 있었어. 내가 김
씨가 아니라 조 씨, 성 씨, 장 씨가 되면 더 좋을 것 같았어.
나한테 어울리는 세상은 그런 곳인데, 왜 나는 물려줄
재산은커녕 가품도 없는 부모 슬하에서 태어나 남의 성까지
탐내는 사람이 되었을까. 내가 나 한 사람이 아닌 우리
가정으로 평가받게 되는 게 두려웠어. 그래서 '사랑 많이
받고 곱게 자란' 사람들 앞에서 자꾸 움츠러드는 성인이 된
걸까, 분하고 한스럽고 억울했어. 내가 네 가정환경을 나의
그것과 비교하고 탐내듯, 너도 내 가정환경을 너의 그것과
비교하고 꺼릴까 무서웠고. 그래서 네가 나보다는 조금

덜 세속적이기를, 조금 덜 위선적이기를, 인격적으로도 더 나은 사람이기를 바랐던 것 같아. 그래야 네가 드라마 속 주인공처럼 내 처지 같은 건 상관없이 오로지 나만 보고 나를 선택해줄 테니까. 나는 욕심이 아주 많은 신데렐라였어.

오늘 네 작업실이 있던 삼거리에 갔어. 그리고 그해 여름 작업실에 드나들며 자주 갔던 푸드코트에서 즐겨 먹던 제육 된장찌개 정식도 시켜봤어. 단돈 8000원에 제육볶음이며 쌈채소에 우렁이 푸짐하게 들어간 된장찌개까지 주는 가성비 혜자 메뉴였거든. 너는 내가 아는 한 단 한 번도 그 푸드코트에 가지 않았지. 너에게 음식과 가성비는 짝이 맞는 단어가 아니었으니까.

너한테 물욕이 없는 사람이라고 누누이 얘기했지만, 어느 정도 벌고 나니까 알겠더라. 나는 물욕이 없었던 게 아니라 돈이 없었던 거야. 스스로 걷잡을 수 없는 욕망을 품게 될까 두려워서 지레 겁먹고 싹부터 잘라버린 거지. 이젠 그런 것 개의치 않고 사고 싶은 게 생기면 사. 가끔은 허세도 부려보고. 이 모습을 네가 봤어야 하는데. 이 얘길 너에게 들려줘야 하는데. 관객이 없어서일까, 아무에게도 내보일 수 없는 소비는 허무하게만 느껴져. 내가 고작 이런 것들을 얻자고 비참함을 견뎌가며 노동을 했을까. 이러느라 곳간에 난 구멍은 또 무엇으로 메워야 하나. 너는

돈을 쓰기만 해도 신나 보였는데, 왜 나는 소비를 즐길 줄
모르는 걸까.

그렇다고 돈이 모여서 기쁜 것도 아니야. 벅차오르지도
흥분되지도 않아. 그저 불안을 잠재우려고 모을 뿐이야.
더는 불안에 떨지 않아도 될 정도의 금액만 유지할 수
있다면 내 삶도 안정기에 접어들 텐데, 사실 그게 얼마인지
잘 모르겠어. 목표액에 도달한다고 내 삶에 만족할 수
있을지도 모르겠고. 나는 목표를 세우는 일이 무서워.
욕심을 내는 일이 두려워. 필요 이상의 마음을 품는
것만으로도 자제력을 잃고 망가져버릴 것 같거든. 예전이랑
똑같아. 나는 끝없는 불안만 되풀이해.

네가 결혼했다는 이야기는 전해 들었어. 네 반려인은
어떤 가정에서 자란 사람일까, 무얼 하는 사람일까,
너처럼 잘 단련된 안목을 가진 사람일까. 그런 것이
문득 궁금해져서 다시 패배감이 들었어. 어쩐지 나처럼
트집 잡히기 좋은 조건도, 꼬인 구석도 없는 사람일 것
같았거든. 네 안목이라면 그런 사람을 알아보고, 골랐을 것
같거든. 나를 솎아낸 것처럼 말이야.

나는 차라리 내가 고아이기를 소망한 적이 있어.
유학 시절에는 나를 가엽게 여긴 부유한 미국인 부부가
내 사정을 딱히 여기고 나를 입양해주기를, 그래서 그들의
라스트 네임을 물려받을 수 있기를 기도했어. 나도 사랑

많이 받고 자랐으면, 이렇게 위선적인 욕망에 허덕이지
않고 연애도 사랑도 똑 부러지게 해내는 사람이 되었을까?
학부 시절 은사님이 득녀하셨다는 소식을 들었을 땐 아직
이름도 없는 갓난아기를 부러워하기도 했어. 저런 분이
내 부모였다면, 저런 사람 밑에서 자랄 수 있었다면,
저 문화자본과 사회자본을 물려받을 수 있는 가정의
자녀였다면……

　　하지만 입양도, 부모를 정해 다시 태어나는 일도
내 능력으로 이룰 수 있는 일은 아니어서 어느 순간부턴
연인에게서 그것을 구하기 시작했던 것 같아. 그건 온전히
내 선택이잖아. 내가 정할 수 있잖아. 어떤 가정에서 자란
사람과 만나서, 어떤 가족의 일원이 될지. 원대하고 성대한
취집을 바라는 것도 아냐. 그저 내가 자랑스럽게 여길
수 있는 사람들 속에 속하고 싶어. 내가 무언가 도모할
때마다 내 발목을 잡고 어디도 못 가게 늪처럼 끌어당기는
사람이 아니라 뒤에서 밀어주고 멀리서 응원하며 지켜봐줄
수 있는, 스스로를 책임질 줄 아는 사람과 가족을 이루고
싶어. 내 몫만 하고 살아도 충분하다 말해주며 나를
인정하고 사랑해줄 사람들과 생을 함께하고 싶어. 내
선택에 대해서만 책임지면 되는, 그것만으로도 1인분을
해낸 거라고 기특해해주는 사람들과 가족이 되고 싶어.
그게 분수에 맞지 않는 이야기니? 그렇지 않은 가정에서

자란 사람은 그런 걸 바라면 안 되는 걸까? 그저 나랑
비슷한 환경에서 나고 자란 사람을 만나 서로의 상처를
보듬으며 오로지 서로에게만 의지해 세상을 헤쳐 나가야
하나? 다른 사회로의 환승을 추구하는 나의 속물 근성과
나는 앞으로 어떻게 공존하며 살아야 하는 걸까?

　　아마 내가 정말 견디기 힘들었던 것, 그래서 어떻게든
감추고 싶었던 것은 당장 바이닐도, 오디오도 살 수 없는
통장 잔고가 아니라 내 능력과 노력만으로는 무너져
내리는 속도를 도저히 늦출 수 없는 우리 가족, 허름하기
짝이 없는 내 배경이었나 봐. 힘껏 등 뒤로 숨겼다고
생각했는데, 존재를 부정할수록 긍정하는 꼴이 되어버리고
말아. 나는 나를 우리 가족에게서 충분히 분리해서
사고한다고 믿었는데 전혀 아니었나 봐. 이렇게 글로
적고 보니 누구보다도 가족에게 매여 있는 사람이잖아.
이런 나에게 공감해줄 사람이, 그러면서도 나를 이해하고
사랑해줄 사람이 있을까? 나는 그런 사람을 오롯이 믿고
사랑할 수 있을까? 나는 어느 쪽도 자신이 없다. 너는 그런
사랑이 가능한 사람이었을까? 그런 게 혹시 가족이니?

　　묻지도 따지지도 않고 실천할 수 있는 무조건적
사랑이 있다면 그건 가족의 모습을 하고 있을 것만 같은데,
나에게 가족의 관심과 사랑은 너무나도 조건부였거든.
유치를 뽑고도 울지 않는 어린이가 됐을 때에만, 또래보다

한 해 더 일찍 학교에 입학해 우수한 학생이란 것을 성적으로 증명해 보였을 때에만, 나는 칭찬과 격려를 들을 수 있었어. 엄마의 기대에서 조금이라도 벗어나는 날엔 가차 없이 매질을 당했지. 시키는 대로 하지 않으면 언제 무엇으로 맞을지 몰라서 자라는 내내 나는 엄마와 마주하는 시간을 최대한 줄이려고 노력했어. 고등학생쯤 되자 내가 엄마에게 먼저 전화를 거는 건 성적표를 받는 날이 거의 유일했지. 빨리 석차를 전해주고 싶었거든. 그때만큼은 엄마의 목소리도 즐거워 보였어. 지난 시험보다 등수가 올랐다는 소식을 들은 엄마는 보험 고객으로 만나는 시장 사람들에게 내 자랑을 하고 다녔대. 그럼 사장님들은 어쩜 혼자서도 자식을 그렇게 잘 키웠냐고 엄마를 치켜세워줬고. 고객 앞에서 가슴을 당당히 펼 수 있는 자랑거리를 만들어준 큰딸에게 엄만 수입 상가에서 파는 산리오 샤프나 스티커 같은 걸 포상으로 사다주곤 했어. 그것이 엄마의 사랑이었다면, 나는 열일곱이 될 때까지 그런 사랑을 받았고, 그때 받은 학용품은 포장지까지 버리지 않고 책상 서랍 한 칸에 차곡차곡 모아두었어. 증거가 필요했나 봐. 다음 시험 기간이 돌아오기 전에 샤프가 고장 나거나 스티커를 다 써버려도 내 능력을 증명해내면 또 예쁨받을 수 있다고 나를 안심시켜줄 위로 같은 게.

　　내가 나를 증명해야 한다는 강박에 시달리는 것, 그러지 않으면 사랑받지 못할 거라고 두려워하는 것 모두 그때의 경험 때문일까. 내 생각과 행동의 근거를 모두 어린 시절의 경험에서 찾고 싶지 않은데, 다른 가능성은 잘 생각이 안 나. 그래서 나는 가족도, 사랑도 믿지 못하게 된 걸까.

아니, 사실 거짓말이야. 나는 아직도 간절히 꿈꿔. 할 수만 있다면 내 성을 갈고 싶어. 내 이름과 내 가족을 스스로 선택하고 싶어. 친구들이 가족 이야기를 꺼낼 때면 꿀 먹은 벙어리처럼 입을 다물지 않아도 되는 사람이고 싶어. 내 노후를 담보로 돈과 시간을 끌어와 아픈 엄마를 부양하는 데 써야 하는 큰딸이 아니라 내가 삶에서 누릴 수 있는 모든 것을 누리고 모든 꿈을 펼쳐볼 수 있는 자유롭고 독립적인 인간으로 살아보고 싶어. 좋은 물건을 사고, 맛있는 음식을 먹을 때마다 이런 것을 누려본 적 없는 가족들 생각은 안 나냐고 죄책감을 강요하는 주변의 시선으로부터 한 순간이라도 벗어나고 싶어. 할 수만 있다면 내 등 뒤로 늘어선 모든 이름을 새하얗게 지워버리고 싶어.

인정할게. 나는 너를 그 기회의 티켓으로 여겼어. 네가 아니라 네가 상징한 모든 가능성 때문에. 어떤 연유에서건, 나를 피해 간 너의 안목은 다시 한번 인정해야겠다. 그럼 이만 줄일게.

안녕.

가다실 2차 접종 63,400원
할부 회차 1/3

자궁경부암 예방주사인 '가다실 9가' 접종을 2차까지
마쳤다. 진즉 맞았어야 했는데, 이미 고위험군 바이러스
치료 경력이 있던 차에 의사 선생님과의 의사 불통으로
인해 안 맞아도 되는 줄로만 알고 있다 뒤늦게 접종하게
되었다.

　자궁경부암을 유발하는 바이러스는 종류가 매우
다양하다. 그중 고위험군 바이러스는 16, 18, 30, 31,
33번 등이 있는데, 모든 바이러스를 완벽하게 차단해줄 수
있는 약은 안타깝게도 아직 개발되지 않았다. 그나마 가장
많이 막아준다는 게 가다실 9가인데, 총 3회 접종해야
한다. 최초 접종 뒤 2개월 뒤에 2차 주사를 맞고, 2차
접종일 이후 4개월 뒤에 마지막 주사를 맞으면 된다. 한

번 접종에 18만 원에서 24만 원까지 가격도 병원마다
천차만별이다.

최초 접종은 ㄱ산부인과에서 했다. 집 근처 산부인과에
전화를 돌려 가다실 가격을 물어봤고, 그중 가장 저렴한
데가 그곳이었다. 통화했을 때는 분명 3회 접종을 한
번에 결제하면 50만 원이라고 했는데 접수증을 다 쓰고
혈압이랑 체온까지 잰 다음 결제하려고 카드를 내밀었더니
카드로 계산하면 60만 원이고, 현금 결제 시에만 50만
원이란다. 지하상가 옷가게들처럼 병원도 현금빵이면
주사가 저렴해지나 보다. 근데 어떻게 그럴 수 있지?
그래도 되는 건가? 아니 그럼 아까 전화했을 때 현금가라고
말을 해주든가, 이제 와서 가격이 다르다고 하면 어떡하란
거지. 선택적 가격과 불충분한 안내에 화가 났지만,
그보다 혈압까지 측정해놓고 가격이 다르단 얘기를 들으니
당황스러워서 어찌 해야 할지 판단이 서지 않았다. 당장
계좌에 현금 50만 원이 없었기 때문이다. 그렇다고 전화로
들은 것과 가격이 다르니 그냥 가겠다고 하기도 민망해서
일단 1차 주사만 맞겠다고 했다. 접수 데스크에 있던
사람도 별다른 첨언 없이 내 신용카드를 가져가 20만 원을
결제했다.

내 주머니 사정을 고려하면 20만 원, 3차까지 다
합하면 60만 원에 가까운 거금이 드는 가다실 접종은

독감 주사처럼 가벼운 질병을 예방하는 차원의 접종이
아니다. 이건 생명과 직결된 중차대한 문제다. 그렇게
생각했기에 없는 사정에도 눈물을 머금고 20만 원을
결제했다. 왜냐하면 나의 자궁은 한없이 연약한 장기이기
때문이다. 우선 나는 다낭성난소증후군이 있다. 호르몬
불균형으로 인해 발생하는 다양한 2차 질환이나
다낭성난소증후군의 대표적인 증상을 평생에 걸쳐
경험하고 있으므로 만성질환이라고 봐도 무방할 것이다.
다낭성난소증후군의 가장 두드러진 문제는 월경 불순이다.
나는 초경을 시작한 후로 한 번도 28-30일 주기로 월경을
해본 적이 없다. 주기가 짧을 때는 15일에 한 번씩(즉 한
달에 두 번) 심각하게 길어질 때는 70일 가까이 늘어지기도
하는 월경불순이 20년 가까이 이어져오고 있다(불행인지
다행인지 나는 배란통도 월경통도 없는데, 대신 감정 기복이
걷잡을 수 없이 심해지는 생리 전 증후군PMS 증상이 있다).
게다가 성적으로 활발한 20대를 보낸 까닭에, 내과나
이비인후과만큼이나 산부인과를 일상 가까이에 두고
살아야 했다. 그 와중에 산부인과 진료비는 단 한 차례도
내 지갑을 놀래키지 않은 적이 없다.

    우선 무슨 연유로 산부인과에 가든, 대부분의 환자는
시진을 위해 진료대 위에 두 다리를 벌리고 앉아야 한다.
거기서 분비물의 색상, 점도, 양을 확인하며 질 내부를

촬영하기도 한다. 문진 과정에서 의사들은 성관계 여부에 대해 묻고, 경험이 있을 경우 어김없이 STD 검사를 제안한다. 당연한 일이다. 한데 같은 검사여도 병원마다 가격이 천차만별이라 어디는 3만 원이라 하고 어디는 6만 원을 부르기도 한다. 학생이었을 때나 지금이나, 치료가 종료된 후 재검사를 받아야 한다는 점을 생각하면 늘 부담스러운 금액이다.

콘돔 사용 여부와 무관하게 성관계 후 간지러움이나 불편감을 느끼면 바로 병원에 달려갔던 나는, 연애를 할 때면 더 자주 검사를 받았고 매번 예외 없이 상재균이 검출되었다. 첫 남자친구를 사귀었던 20대 초반에는 검사 결과를 기다리는 4일 동안 혹시 치명적인 바이러스에 감염된 건 아닐까 불안에 떠느라 식사도 제대로 못 했다. 나흘 밤낮으로 불안에 떨다 전화로 검사 결과를 통보받으면 다시 복잡한 심경으로 산부인과로 향했다. 남자친구에게 이 이야기를 어떻게 꺼내나, 나를 문란하거나 더러운 여자로 보진 않을까 하는 걱정이 되면서 한편으로 수치스러웠고, 전파 경로를 따져봐야 하나 뭘 어떻게 해야 하나 혼란스럽다가, 충분히 안전하고 위생적인 섹스를 했다고 생각했는데 도대체 왜 이런 일이 일어난 것인지 알 수 없어 화가 나기도 했다.

이런저런 이유로 산부인과 진료를 받고 돌아오는

길에는 온통 불쾌한 감정만 남아 자궁을 도려내고 싶어질 만큼 몸에 대한 혐오가 치솟았다. 내 인생의 모든 문제가 자궁의 탓 같았다. 생리 전이면 호르몬의 장난질로 감정의 롤러코스터를 태워 사람 혼을 쏙 빼놓질 않나(예측 불가한 나의 조급성과 돌발 행동으로 틀어진 연애관계가 한둘이 아니었다), 예고도 없이 치솟는 성욕을 달래주려 나섰다가도 걸핏하면 균이 옮아 염증에 시달리게 하질 않나. 게다가 다른 여자들은 28일 주기로 꼬박꼬박 한다는 난자 배출도 제대로 할 줄 몰라 먼 훗날 결혼이라도 하게 되면 높은 확률로 난임이 될 게 뻔했다. 이건 여성호르몬이 부족해 두꺼워진 자궁벽이 제때 허물어지지 못하고 그로 인해 월경도 불규칙해질 거라는 단순한 팩트의 문제가 아니었다. 나의 여성성―작고 아담한 체구, 풍만한 가슴과 엉덩이, 잘록한 허리, 부드러운 머리칼, 하얀 피부, 높고 가녀린 목소리같이 내 신체적 특징과는 대척점에 있다고 할 수 있는 여성상―이 부족한 것, 그리하여 이성에게 사랑할 만한 가치가 있는 존재로 인정받지 못하는 것. 이 모든 게 제 구실을 할 줄 모르는 자궁 탓으로 느껴졌다. 하지만 내 비뚤어진 이성애 중심적 사고방식에 따르자면 나의 여성성을 증명하고 연애 대상으로서의 가치를 입증할 신체적 증거 또한 자궁뿐이다. 그 무렵 나에게 자궁은 모든 문제의 근원이자 동시에 이 문제들을 해결할 유일한 수단이기도 했던 셈이다.

　이런 나에게 자궁경부암 주사는 자궁으로 인해
발생하는 문제를 하나라도 막아 내 불안감과 신체혐오를
낮춰주는 동시에 외부 균으로부터 내 여성성의 상징인
생식기를 보호하는, 문자 그대로 보호막 같은 조치였다.
이성애에 미쳐 나의 가치를 오로지 남성의 관심으로만
측정하며 끝없이 스스로를 대상화하는 동시에 혐오했던
20대 때 맞았더라면 최소한 생식기라도 건강하게
지켰겠지만, 임플란트가 불가피한 지경에 이를 때까지
30만 원짜리 크라운 치료도 미뤘던 내가 1회 20만 원에
달하는 가다실을 어떻게 감당할 수 있었겠는가.

여름 원피스 19,600원
할부 회차 3/5

집 안에 흙을 가져오기가 힘들어서, 여기저기 생겨난
공원들로 대체할 수밖에 없다. 대체하는 삶은 언제나
조금 작아지는 기분이다.[*]

8월의 오키나와는 습도 90퍼센트에 최고 온도가 섭씨
35도까지 올라간다. 같은 기간 서울보다 습도와 온도가
조금 더 높다고 생각하면 된다. 그러니 입고 벗기 편하면서
등이 깊게 파이다 못해 원단이 부족해 등을 미처 가리지
못한 것 같은 백리스backless 원피스가 필요했다. 4년 전에
이마트에서 산 플립플롭도 이번 여름에 사망했다. 그래서

[*] 이윤석·김정민, 『즐거운 남의 집』, 다산북스, 2024, 87쪽.

원피스랑 슬리퍼를 하나씩 샀다. 딱 하나씩. 의류 소비가 거기서 끝났으면 좋았을 텐데, 필요한 물건은 왜 한 번에 몰아서 떨어지는 걸까. 원피스를 구하고 나니 친구(였으나 지금은 연락하지 않는 사람)가 선물해준 재활용 종이 지갑이 너덜너덜해지다 못해 찢어지기 일보 직전이라 어쩔 수 없이 지갑도 샀다. 사실 사고 싶어서 샀다기 보다 주변에서 하도 지갑 좀 바꾸라고 잔소리를 해대는 통에 성화에 못 이겨 산 것이다. 물론 여기 열거한 품목 모두 내 옷장에서 사라진 지 오래다. 싼 게 비지떡이라는 말은 하고 싶지 않지만, 질 좋고 튼튼한 물건을 헐값에 얻겠다는 건 허황된 욕심일지 모른다.

내 소비 패턴은 대체로 이렇다. 뭔가를 쓰다 쓰다 정말 더 이상 제 기능을 할 수 없을 때가 돼서야 급작스럽게 뭐에 쫓기듯 대체품을 찾아본다. 같은 기능을 하는 물건을 하나 이상 두지 않고, 하나가 닳아 없어지거나 고장 나면 그제야 발등에 불 떨어진 듯 허겁지겁 이것저것 알아본다. 그렇게 맘에 드는 물건을 발견하더라도 100원이라도 더 싼 판매처를 찾느라, 구매 시 사용 가능한 쿠폰을 그러모으느라, 공구 마켓에 올라오거나 특가가 뜨는 날을 기다리느라 실제 결제까지는 보통 일주일 이상이 걸린다. 급박한데 더디다. 고되고 번거롭고 찝찝하다. 소비에서 기쁨 따위를 느낄 여지가 없다.

인간은 타인의 욕망을 욕망하고, 타인이 손에 쥔 것을 자기는 얻을 수 없을 때 절망한다. 고로 무언가를 소유함으로써 욕망을 채우고 절망에서 벗어날 수 있다. 자본주의사회에서 욕망의 대상을 움켜쥘 수 있는 힘이란 결국 재력, 자본을 양분 삼아 크는 근육이다. 인풋이 없이는 절대 자라지 않는 삶의 근육. 나는 유전적으로 재력이 허약했던 까닭에 애초부터 마음 쓰지 않기로 한 일상의 면면이 있다. 옷은 그 과정에서 가장 빠르게 포기한 항목이었다. 이유는 간단했다. 실망스러운 것을 손에 쥐고 기쁜 척하고 싶지 않았기 때문이다. 되도록이면 내 기준에 차지 않는 것을 삶에 품고 싶지 않았다. 내 일상은 이미 그런 선택들로 넘쳐나니까. 인지부조화의 경험을 굳이 더 늘리고 싶지 않았다. 형편이 안 되는 것은 욕망하지 않는 편이 효율적이고 유용하다. 내가 욕망하는 이상적인 선택에 부합하지 못할 바에는 아예 눈길조차 주지 않아야 괴로움과 절망의 길로 흘러 들어가지 않을 수 있다.

그렇다고 겉치장은 속임수일 뿐이라는 이야기를 믿는 건 아니다. 나는 내가 입은 옷이 내 선택들의 합이며, 그 선택이란 나의 가치관을 반영하는 언어라고 생각했다. 타고난 외형으로는 전하기 어려운 메시지를 몸에 걸친 것들을 통해 전달할 수 있다고 믿는 편이었다. 물론 그 배경에는 나의 외모지상주의가 있다.

어릴 때에 비하면 많이 좋아졌지만, 대인관계에서 어려움을 겪을 때면 못나고 모난 루키즘 재판관이 튀어나와 모든 문제의 원인은 너의 긴 턱, 너의 낮은 코, 너의 좁은 이마, 너의 큰 얼굴, 평균 이상의 덩치, 뱃살, 통짜 허리 때문이라고 냉정하기 짝이 없는 심사 소감을 읊으며 나의 자존감을 가차 없이 깎아내린다. 어떻게 모든 문제의 원인을 외모에서 찾을 수 있느냐며, 나의 비논리성을 지적하고 싶을 수도 있다. 하지만 가족에서부터 생면부지 타인에게까지 "오죽 게으르면 그렇게 뚱뚱하냐" "하관을 보니 고집 세겠다" "그 덩치에 왜 이렇게 소심하냐"는 말을 들으며 어떤 인과관계를 갖는지 도무지 이해할 수 없는 외모 평가와 성향 분석을 평생에 걸쳐 당하다 보면 외부의 무논리가 내면의 알고리즘으로 자리잡기도 한다. 그리고 회피형 인간이 되지 않겠다 매일 다짐하는 나는, 그렇게나 혐오하는 내 몸 구석구석을 부단히 직시한다. 이목구비의 선과 얼굴형, 그 안에서 신체기관 하나하나가 어우러져 만드는 조화, 거기서 풍기는 분위기, 머리카락의 길이, 색, 윤기, 심지어는 체모의 양까지 뜯어보고 따져보며 스스로를 재단하고 옥죈다.

동일한 기준이 몸을 가리는 옷으로까지 이어진다. 비루한 몸이기에 오히려 귀한 것을 걸쳐주고 싶다. 단점을 감춰주고 장점을 부각시켜주는 수준을 넘어, 울퉁불퉁 통제

불가인 나의 외형으로는 보여주지 못하는 오랜 시간 갈고 닦아온 나의 고운 안목을, 세련되고 아름답고 창의적인 옷으로 드러내고 인정받고 싶다. 그러기 위해 내 추구미에 맞는 인플루언서와 그들이 사랑하는 브랜드의 소셜미디어 계정을 팔로하며 팁을 얻기도 하고, 뉴욕이나 파리에서 열리는 패션위크의 스케치 사진들을 시즌마다 챙겨보기도 했다. 내 주머니 사정으로는 감히 욕망할 수조차 없는 럭셔리 브랜드의 의상이었지만 그렇다고 마음에 담는 일까지 멈출 수는 없었다. 뇌 내 위시리스트에는 아름다운 물질의 이미지가 차곡차곡 쌓여갔다.

그렇게 몇 년간 모아두던 위시리스트가 포화 상태에 이르러갈 때쯤, 패스트패션의 시대가 도래했다. 미국과 스페인에서 날아온 대형 브랜드들은 런웨이에서 본 것과 매우 유사한 옷을 더 빠르게, 더 다양한 옵션으로, 더 저렴한 가격에 접할 수 있다며 나를 유혹했다. 하지만 오히려 그런 점들 때문에 패스트패션을 소비하기가 더 불편했다. 어느 브랜드의 어떤 디자인을 카피한 제품인지, 가격을 낮추기 위해 어떤 공정을 생략하거나 감추었을지, 그느라 소재는 어떻게 바뀌었고 박음질은 얼마나 허술해졌는지 몇 번의 체험과 지인들의 증언, 기사를 통해 알게 됐기 때문이다.

패스트패션은 그 이름처럼, 제품의 질이 떨어지기에

결국은 더 빠르게 소모되고, 더 많고 더 잦은 소비를 촉진하는 악순환을 만들어냈다. 그것이 윤리적이지도 환경 친화적이지도 않다는 것은 잘 이해하고 있다. 내가 꿈꾸는 '이상적인 인간'은 내가 집어든 가방이 안전한 노동 환경을 보장해주지 않는 스웨트숍sweat shop*에서 검품 과정 없이 전 세계로 배송되는 조악한 카피품이라는 사실을 알면서도 아무런 양심의 가책 없이 제품을 구매하고 사용하는 사람이 아니다. 그 물건을 구매함으로써 오리지널 디자인을 고안해낸 창작자에게 해가 된다는 것도, 노동자의 권리를 침해하는 생산 과정에 동조하게 된다는 것도 머리로는 백 번 천 번 학습했다. 그 학습은 내 안에 본능적 거부감으로 자리잡았다. 하지만 나의 지갑은 이상적이고 신성한 가치를 담을 만한 그릇이 되지 못했다. 내가 가진 돈으로는 아름답고 윤리적인 옷은커녕 평범하게 비윤리적인 옷조차 맘껏, 양껏 사지 못한다. 드넓은 초원을 누비며 자연의 순리에 따라 알을 낳고 품는 방목형 양계장의 유기농 유정란 같은 건 장바구니에 담을 생각도 않는다. 내 예산은 동물복지 따위 고려하지 않는 공장식 양계장의 달걀만 품을 수 있다. 100년의 전통을 자랑하는 가구회사의 시그니처

* 노동자들이 열악하고 착취적인 환경에서 장시간 겸무에 시달려야 하는 작업장.

램프를 들여, 디자인에 얽힌 일화를 곱씹어보고 제작 팀이 들인 노고와 애정에 감동하며 일상을 함께하는 기능성 예술작품으로 감상하고 싶지만, 나의 방은 이미 E1** 등급 합판으로 만든 책장이나 카피품임이 분명한 중국산 저렴이 스탠드로 이미 포화 상태다. 나는 다시 한번, 말라붙은 얄팍한 지갑 때문에 내 가치관에 위배되는 행동만 골라 하는 사람이 되어야 한다. 가난 속에 있는 한, 나는 비윤리적이고, 정치적으로 올바르지 않으며, 환경 파괴를 가속화하는 소비자일 수밖에 없었다. 그것이 나의 마음을 더욱 가난하게 만들었다. 아름다운 옷도, 아름다운 몸도, 아름다운 태도도 가질 수 없는, 그래서 타인이 욕망할 만한 대상이 되지 못하는 스스로를 끝없이 혐오하게 만들었다.

윤리도, 도덕도, 아름다움도, 정치적 올바름도, 자본주의사회에서는 자본을 통해서만 성취할 수 있는 자질처럼 느껴졌다. 나는 이 역설을 해결하기 위해 결국 옷(과 그것을 통해 얻을 수 있는 아름다움)을 욕망하지 않기로 했다. 소유할 수 없는 아름다움이 존재한다는 사실을 잊기로 한 것이다. 덜 원하면 덜 비참해지리라. 그리고 그 변화는 의식적 선택이어야 했다. 경제력과 무관하게

** 가구에 사용된 자재의 포름알데히드 방출량을 나타내는 등급. SE0, E0, E1, E2순으로 방출량이 늘며, 보통 SE0, E0까지를 친환경 가구로 본다.

내 가치관에 부합하는 삶을 살기 위한 선택. 대의를 위해 기꺼이 개인적 욕구를 거세하는 사람. 옷에 욕망을 느끼지 못하는 사람, 자의적 불감증. 그것으로 내 알량한 잔고와 그보다도 더 하찮은 존엄성까지 어느 정도는 지켜지리라 믿었다. 하지만 그러자고 타인의 존엄성이 훼손당하는 일에 눈을 감아버린다면, 나는 진정 무엇을 지키고 있는 걸까?

바디로션 10,630원
할부 회차 1/5

쿠팡에서 스트레칭 밴드와 세타필 바디로션을 샀다.
스트레칭 밴드는 라운드 숄더인 데다 한쪽으로 기울고 쏠린
어깨 및 경추, 요추 관절을 바로 세우고자 구입했다. 의사
선생님도 올바른 자세와 운동만이 유일한 예방법이라고
했으니 1만 원 투자해서 건강을 지킬 수만 있다면! 하는
결의로 산 것이다. 몇 번 하다 말더라도 안 하는 것보단
낫겠지.

세타필은 몇 년째 쓰고 있는 바디로션인데, 겨울이면
종아리며 팔뚝이 하얗게 일어날 정도로 피부가 건조해져서
추워지기 전에 미리 사둔다. 얼굴을 포함해 온몸의 피부가
다소 민감한 편이라 거부 반응이 일어나지 않는 제품을
찾으면 그 제품만 몇 년이고 쓴다. 그래서 세안제도 쓰던

것만 쓴다. 세타필 모이스처라이징 크림은 무향이고,
아기들도 쓸 수 있는 순한 제품이라 이것 역시 몇 년째
걱정 없이 쓰는 중이다.

같은 이유로 색조 화장도 거의 하지 않는다. 그나마
거부반응이 덜한 것이 아이라이너와 아이브로 펜슬이라 그
두 가지만 하고 나면 화장은 끝이다. 사실 아이라이너를
쓰면 안 그래도 라식으로 건조해진 망막이 가뭄의
논바닥처럼 쩍쩍 갈라질 것만 같은데도 그것은 버리지
못하고 있다. 아이라인을 그리지 않는다고 누가 뭐라
하는 것도 아닌데, 불편을 감수하고 여전히 화장을 한다.
아니, 정정해야겠다. 화장을 하지 않으면 누구든 한마디
거들기는 하니까. 나연 씨, 어제 잠을 잘 못 잤어요? 피곤해
보이네요? 눈이 퀭해.

한창 탈코르셋 붐이 일었을 무렵, 여러 소셜미디어에서
코덕이라 자부하던 여성들이 화장품을 쓰레기통으로
쏟아버리는 영상과 사진을 올리며 화장품이 어떻게
지갑을 털어갔는지, 화장을 포함해 여성에게만 강요되는
꾸밈노동으로 인해 얼마나 많은 에너지와 시간이
낭비되었는지 고백하는 장면을 자주 목격했다. 얼마
사용하지 않은 것 같은 명품 브랜드의 색조 화장품이
바닥에 떨어지는 순간 알록달록한 뭉게구름을 만들며
고운 가루로 흩어지던 모습은 신선한 충격을 안겼다.

하지만 그보다 더 충격적이었던 것은, 코덕들이 공개한 지출 내역이었다. 적게는 매달 10만 원에서 100만 원대까지, 화장품에 지출하는 금액이 연 10-15만 원 내외인 나로서는 상상도 못할 규모의 지출이었다. 그들은 시즌별로, 밸런타인데이나 빼빼로데이처럼 명절만큼 중요한 기념일마다 수많은 화장품 업체가 내놓은 화려한 패키징이나 특허받은 포뮬러 등에 마음과 돈을 빼앗겨왔다고 했다.

나도 기원을 알 수 없는 귀여운 이름에 혹해, 새로운 제형이라는 광고에 귀가 솔깃해, 하늘 아래 같은 레드는 없다는 합리화로 스스로를 설득하며, 다 쓰지도 못할 화장품을 사 모으던 때가 있었다. 대학 새내기 시절이었다. 또래 친구들이 추천한 것이나 한창 화제였던 「겟잇뷰티」* 블라인드 테스트에서 1위를 차지한 제품으로 파우치를 가득 채우면 화장품이 열어줄 (것이라 착각했던) 아름다움의 가능성에 가슴이 웅장해졌다. 특히 마음에 드는 립스틱이나 팩트를 꺼내 들면 허리가 조금은 꼿꼿해지기도 했다. 하지만 그 무엇보다 잠을 사랑하는 나는 '이거 찍어 바를 시간에 10분이라도 더 자는 게 낫겠다' 싶었고, 나갔다

* 케이블 채널 올리브의 뷰티 프로그램. 2006년 방송을 시작했고, 메이크업이나 헤어 케어 등 뷰티 전반에 걸쳐 다양한 제품과 팁을 소개했다. 블라인드 테스트를 통한 제품 비교 코너가 유명했다.

오면 바로 침대 위로 쓰러지고 싶은데 클렌징을 안 했다가 얼굴에 금세 또 뭐가 올라오는 건 아닐지 불안했으며, 브러시다 스폰지다 이런저런 도구 관리하는 일도 영 귀찮았다. 서너 번 쓴 뒤로 다시 열어보지 않은 아이섀도, 마스카라, 블러셔, 틴트가 몇 개인가. 에어쿠션이네, 비비크림이네, 팩트네 뭐네, 결국은 같은 용도인 듯한데 때마다 바꿔 발라야 한다는 파운데이션은 또 왜 이리 많은지. 스무 살, 처음 내 돈으로 화장품을 사기 시작한 후 지난 10여 년간 용기 밑바닥까지 보고 쓰레기통에 들어간 색조 화장품은 아이라이너 몇 개가 전부다.

그러나 화장을 안 했다고 꾸밈노동을 하지 않았을까? 나는 중학생 시절부터 매직 스트레이트 파마를 했다. 숱도 많은 데다 곱슬기까지 있어 머리를 묶지 않으면 사방으로 뻗치며 강하게 자기 주장을 하는 내 머리를 본 사람들은 남녀노소 할 것 없이 얼큰이, 대두라며 나를 놀려댔다. 초등학생 때부터 키가 크다고 뚱땡이니, 덩치니 하는 멸칭을 듣는 것도 서러웠는데, 한창 주변 평가에 민감한 사춘기 시절, 신장과 체격에 더해 헤어스타일까지 지적당하고 놀림받기 시작하니 외모에 대한 콤플렉스와 자기혐오가 심해지기 시작했다. 그러다 중학교에 올라갈 무렵, 매직스트레이트와 매직기라는 신기술이 미용 시장에 등장했다. 아무리 지독한 곱슬머리도 생머리처럼 매끈하고

곧게 펴주는 파마라니, 어지간한 스트레이트 파마로는 길이
잘 들지 않던 내 머리칼에 매직은 기적과 같은 시술이었다.
매직이 제멋대로 구부러진 내 머리도, 한껏 쪼그라든
자신감도 구김 없이 펴줄 수 있을 것만 같았다. 그게 벌써
20년 전 이야기다. 그 후로 나는 매해 3회 이상, 거의
분기마다 매직, 볼륨매직, 뿌리매직, 디지털매직 등 다양한
매직의 변주를 거치며 머릿결을 관리해왔고, 지금도 여전히
규칙적으로 매직 시술을 받고 있다. 짧은 단발이라 기본
비용만 드는데도 한 번 매직을 할 때면 미용실의 위치와
디자이너 선생님의 실력에 따라 평균 20만 원, 많을
때는 30만 원까지 나온다. 한 해 약 60-90만 원씩 드는
미용비. 20년이면 최소 1200만 원이다.

    그뿐이겠는가. 색조 화장은 하지 않아도 세안과 보습은
누구나 반드시 하루 두 번은 행하게 되는 루틴. 클렌징
오일과 천연 오일로 만들었다는 비누로 세수해야 한다느니,
세안 후 스킨, 로션, 에센스, 세럼, AHA, BHA, 수분
크림, 마스크팩 등등 순서에 맞춰 발라야 한다는 보습제는
또 왜 이리 많은지. 바르고 기다렸다 닦아내고 다시
바르고 두드리고 마사지하고. 몸에는 바디워시, 바디오일,
바디로션, 바디버터. 머리에는 비싼 파마 오래 가라고 전용
샴푸를 쓰고, 트리트먼트 바른 후 5분 대기했다 헹궈내고
말리기 전에 열 보호 오일, 머리 말려내고는 컬크림……

이게 다가 아니다. 이차성징이 시작된 이후로는 제모도 신경 써야 했다. 사람의 신체는 진화를 거듭했다는데 왜 체모는 아직도 낄끼빠빠를 하지 못하고 이렇게나 끈질기게 나는 걸까. 머리털과 눈썹, 속눈썹 빼고 턱 밑으로 나는 모든 체모는 모조리 빠져버렸으면 좋겠다고 제모할 때마다 생각한다. 처음엔 면도기와 쪽집게, 그다음엔 왁싱. 왁싱 하면 인그로운 헤어 생긴다고 3일에 한 번씩 각질 제거 스크럽에 인그로운 방지 스프레이. 그러다 결국은 반영구 레이저 제모로 옮겨 왔다. 부위도 점점 더 넓어져서 겨드랑이에서 종아리, 종아리에서 인중, 팔, 손등, 음모까지…… 나는 나와 함께 태어난 검은 죄를 모두 불태우고 태초의 모습으로 돌아갔다.

나의 꾸밈노동은 이렇게 티도 잘 나지 않는 부위에 미미한 변화를 가져오는 시도로 가득했다. 하지만 어쩌면 그것이 포인트였는지도 모른다. 꾸안꾸. 돈 쓴 티 팍팍 나는 대대적인 성형 말고 한 듯 안 한 듯 자연스럽게(?) 예뻐지는, effortless(힘 주지 않은 듯한) 뷰티. 그리고 나는 그 미미한 효과를 가능한 한 오래 유지하고 싶었다. 'Fake it until you make it(만들어낼 때까지 속이는 거야)'이라는 말처럼, 이렇게 꾸며내다 보면 언젠가는 그 아름다움이 내 신체의 일부가 되어 '자연 미인'이 될 수도 있지 않을까? 되어야 하지 않을까? 그 믿음은 강박이 되었다.

138

화장을 하든 안 하든, 사회가 정한 미의 기준을 충족하는 '예쁜 여자'가 되어야 한다. 그래야만 또래 집단에서, 이성으로부터, 사회에서 존재를 인정받을 수 있다. 눈에 띌 수 있다.

크게 눈에 띄지도 않는 이 수고를 지속하지 않으면 안 된다는 강박은 도대체 어디서부터 온 것일까? 사춘기가 시작될 무렵, 우리 집에는 20대 후반의 막내 이모가 함께 살고 있었다. 화려하고 반짝거리는 것들을 좋아하는 이모에게서는 늘 화장품 냄새와 향수 냄새가 났고, 뽀얀 화장을 벗고 생활복으로 갈아입은 후에도 피부에서는 윤기가 돌았다. 종아리에 존슨즈 베이비로션을 바르고 있는 이모를 빤히 쳐다보고 있으면 이모는 웃으며 말했다. "몸도 얼굴처럼 로션을 꼼꼼하게 발라줘야 해. 아이크림 뭔지 알지? 그것도 10대 때부터 바르는 게 좋다더라." 그런가 하면 막내 삼촌의 당시 여자친구는 나와 조금 가까워졌을 즈음, 함께 저녁을 먹으러 이동하는 차 안에서 이런 말을 하기도 했다. "나연이 너는 열일곱 살이 허리 둘레가 그게 뭐니. 이제 스무 살 되면 제일 예쁠 나이인데, 그렇게 뚱뚱해서 되겠어?" 당시 나는 키가 168센티미터에 몸무게는 58킬로그램 정도, 허리둘레는 29인치쯤 됐던 것 같다. 지금 생각하면 세상 마른 몸처럼 느껴지는 숫자이지만, 그때만 해도 "스물일곱인데도 허리둘레가

25인치"라고 자랑하던 여자의 말이, (막내 삼촌이 어떤 남자이든 간에) 남자친구와 데이트를 즐기는 화려한 외모의 스물일곱 살 언니가 하는 말이 보편적 진리처럼 들렸다. 미인대회에서 수영복을 입고 하이힐 위에 올라서 허리를 한껏 비틀고 있는 참가자에게 이미 같은 무대에 선 적이 있는 심사위원이 건네는 '건설적인 조언'처럼 들렸다. 구전으로 전해져 내려오는 집안의 비밀 레시피처럼, 앞 세대 여성이 다음 세대 여성에게 조언인 듯 비기인 듯 명심하라고 일러주는 꾸밈과 레지먼regimen(자기 관리)에 대한 강박.

　　타인의 눈에 최소한 못생기게 보여서는 안 된다는, 시각 공해를 일으켜선 안 된다는 생각에 청소년기부터 지금까지 '기본 값'*으로 존재하는 나를 부정하고, 혐오하며 다른 모습의 나를 꾸며내기 위해 쓴 정신적 육체적 에너지, 돈, 시간은 도대체 얼마나 될까?

* 김연서, 『'예쁜' 내가 아닌 '진짜' 나를 찾는 여성들의 디폴트립』, 이데일리, 2019년 10월 21일 자.

도시락 11,000원
할부 회차 1/5

대학원 진학 후 6-7킬로그램이 쪘다. 시간도 에너지도
부족한 나날이 이어지다 보니 식사는 때 되면 찾아오는
허기를 달래기만 하면 되는, 일상의 부차적인 과제가
되어버렸다. 빨리 준비할 수 있는 값싼 음식을 얼른 먹고
치우는 것이 식사에서 가장 중요한 수칙이었다. 그래서
냉동식품이나 편의점 도시락, 길거리 토스트, 분식집
김밥 같은 걸로 대부분의 끼니를 때웠다. 그마저도 이동
중에 먹거나 서서 허겁지겁 먹거나 책상 위에서 노트북을
열어놓고 일을 하며 먹었다. 즐기는 식사, 음미하는 식사는
사치가 되었다. 빈곤하게 산다는 건 결국 일상이 사치로
가득 차는 과정일지도 모르겠다.

　살이 찌면 단순히 외모만 변하는 것이 아니다.

몸무게가 는다는 것은 여러모로 추가 지출이 발생한다는 의미이기도 하다. 우선 의료비. 살이 찌면 관절에 무리가 간다. 나는 늘어난 무게의 충격이 고스란히 허리로 왔다. 2018년 말에 허리 디스크가 생겼는데, 이게 치명타였다. 악순환의 고리가 착, 하고 맞물리는 순간이었다. 무슨 말인고 하니, 체중 증가가 디스크의 직접적인 원인은 아니었던 것 같은데☆ 허리가 아프니 좀체 움직일 수가 없었다. 허리에 힘을 주지 않아도 되는 자세를 찾다 보니 와식 생활에서 벗어나기가 어려웠고, 가끔 침대나 의자에서 일어나 서서 일하는 것 외의 활동은 무리였다. 결국 근손실이 생겼을 테고, 움직이질 않았으니 당연히 살은 불어만 갔다. 그게 몸으로 느껴질 정도로 균형이 무너지더니 금방 목, 어깨, 골반 모두 틀어져 조립이 잘못된 로봇처럼 뒤뚱거리게 됐다.

　　30대의 몸은 20대의 몸과 이런 점에서 너무 다르다. 관절이 삐걱거리기 시작하면서 운동할 힘은 점점 사라지는데 이전 같은 체력을 유지하려면 운동량도, 강도도, 두 배 더 빡세져야 한다. 잠깐 한눈이라도 팔면 20대 때에 비해 두 배 더 빠르게 몸이 붙는다.

☆ 부분적으로는 맞다. 대학원, 직장, 글쓰기 등 하루 18시간 가까이 의자에 앉아 있었고 모니터 속으로 들어갈 듯 목을 길게 뺀 채로 일하다 보니 점점 거북목이 심해져 인류 진화 과정을 역행하고 있었다.

게다가 살이…… 안 예쁘게 찐다. 젖병을 막 비운 아가 배처럼 예쁘게 볼록해지지도 않고, 돌잡이의 오동포동한 팔다리처럼 귀엽게 부풀어 오르는 것도 아니다. 피부가 늘어나서 그런지 울퉁불퉁한 셀룰라이트 덩어리만 도드라질 뿐. 나의 몸을 긍정하는 보디 포지티브body positive 태도를 실천하고 싶지만, 늘어진 뱃살이나 허벅지 안쪽으로 뭉친 셀룰라이트 때문에 비포장도로처럼 보이는 내 몸을 사랑하긴커녕 긍정하기도 쉽지 않다.

　일단 디스크 치료가 시급했다. 다행히 디스크 탈출 초기 수준이라 두 달간의 물리치료와 도수치료 후에는 목욕탕 의자에 앉아 고개를 떨구고 머리를 감는 자세도 가능해졌다. 병원비로 100만 원이 넘게 나갔지만 사랑스러운 실비보험 덕분에 개인 부담금은 30만 원 선에 그쳤다. 그리고 굳은 돈으론 필라테스를 다시 시작했다. 전에도 필라테스가 자세 교정에 도움이 많이 됐다. 그래서 새해 할인 혜택에 신규 가입 혜택까지 더해 1대 8 단체 수업을 60회에 70만 원으로 끊었다. 합하면 결국 100만 원 넘게 지출한 셈이다.

　옷도 문제다. 살이 찌지 않았을 때도 내 몸은 한국 여성 표준 신체 사이즈에서 한참 벗어나 있었다. 키 174센티미터에 발 사이즈는 255밀리미터. 성인이 된 후로 프리사이즈 라벨이 붙은 옷은 입어본 적도 없다(무엇이

프리하다는 건지 알 수가 없다. 신축성이며 가격이며 그런 옷에 자유라고는 아무 데에도 없는데). 자라ZARA가 한국에 들어왔을 때, 이젠 내 사이즈에 맞는 원피스와 바지, 구두를 살 수 있을 거란 생각에 얼마나 기뻤는지 모른다. 하지만 여기서 허리가 더 늘어나면 거기서도 살 수 있는 옷이 없다. 기성복 시장에서 퇴출이란 얘기다. 속옷은 말할 것도 없고 바지, 심지어 원피스도 맞지 않을 것이다. 결국 속옷부터 겉옷까지 모두 새로 사야 한다. 어디서? 모른다. 요즘에야 패션계도 다양성과 포용성을 브랜드 가치로 삼지만 몇 년 전까지만 해도 대한민국 여성복 시장에서 나 같은 체격을 가진 사람은 거의 존재하지 않는 고객이나 마찬가지였다. 특수 사이즈 전문점에나 가야 적당한 사이즈가 있었지만, 그곳엔 내 사이즈가 존재하는 대신 추구미는 부재했다. 무조건 헐렁한 핏, 단조로운 무채색에 디자인도 획일적인 옷들 사이에서 최신 유행하는 스타일이나 다음 세대까지 물려주고 싶을 만큼 탐나는 물건은 찾기 어려웠다.

언제부턴가 나는 일상적으로 사람들의 몸을 관찰하기 시작했다. 지하철에서, 카페에서 내 시야에 들어오는 낯선 몸들을 부위별로 나눠 나의 몸과 비교하고 질투하거나 흉을 보았다. '내가 저 몸이면 어정쩡한 옷으로 몸매를 낭비하지 않을 텐데. 그래도 저렇게 말랐으니까 크롭티도 입을 수 있는 거겠지, 나한텐 어깨도 안 들어가겠다.' '저 사람은 나보다 무게가 많이 나갈 것 같은데 허리는 되게 얇네, 그러니까 저 브랜드 옷이 맞지.' 속으로 끊임없이 투덜거렸다. 그러나 아무리 둘러봐도 나보다 큰 여자들은 잘 보이지 않았다. 수요가 없으니 공급도 없는 거겠지? 공급한다고 해도 소품종을 고가에 판매해야 수익이 남을 것이다.

나는 왜 이리 큰 몸으로 태어나서 의식주를 해결하는 일에도 남들보다 더 수고를 들여야 하는 걸까. 단지 평균보다 키가 크고, 덩치가 크다는 죄로 평균보다 더 많이 찾아다니고 더 많은 돈을 내야 하는 상황에서 제품에 심미적 만족감까지 기대하는 것은 욕심처럼 여겨졌다. 그저 내 사이즈에 맞는 옷을 찾았다는 사실에 감사해야 했다. 쇼핑도 결국 나에게는 체념을 학습하는 시간이었다. 돈을 쓸 때면 신나고 기쁜 마음은 들지 않고, 두 손 가득 처참함만 들고 돌아왔다. 이게 무슨 지랄이지? 이 고생을 면하려면 타고난 덩치는 어쩔 수 없으니 살이라도 빼야 한다.

그렇다면 살은 어떻게 빼느냐? 다이어트의 성패를 좌우하는 건 식단이 70퍼센트, 운동이 30퍼센트랬다. 허리 때문에 할 수 있는 운동이 많지 않으니 퍼스널트레이닝PT을 받는 게 최고일 텐데, PT 수업을 들을 주머니 사정이

아니라는 얘기는 이제 굳이 안 적어도 알 것이다. 결국
식단을 꼼꼼하게 챙기는 수밖에 없다. 뭐니뭐니 해도
밀가루나 설탕, 소금같이 입맛을 당기게 하는 백색
가루들을 끊고 담백하고 가볍게 먹어야 한다. 기왕이면
영양소 균형이 체계적으로 잡힌 식단으로. 그러면서
칼로리도 제한해야 한다.

자, 여기서 잠깐. 나는 수면 시간을 제외하고 하루에
깨어 있는 열여덟 시간 중 열 시간은 밖에서 수업을
듣거나, 사람을 만나 일을 한다. 집에 와서는 과제를
하거나 공부를 한다. 남은 일도 한다. 씻기도 해야 하고,
집안일도 (거의 손 놨지만) 좀 한다. 그걸 다 제하면 식사나
휴식에 쓸 수 있는 시간은 한두 시간밖에 되지 않는다.
운동도 가야 하지 참! 그럼 최대 한 시간이 남는다. 그 시간
동안 내가 탄수화물·단백질·지방 비율과 칼로리를 모두
따져 그날 먹을 음식을 조리하고 이튿날 혹은 일주일간
먹을 식사를 준비할 수 있을까? 냉장고 속 식재료의 영양소
성분과 구성은 무슨 수로 알 수 있지? 그걸 또 어떻게
요리해야 해? 보관은 어디다 하고? 남은 재료는 어째?
1인 가구인 사람들은 알 테지만 혼자 살면서 장을 봐다가
집에서 음식을 해 먹으면 먹는 양보다 버리는 양이 더
많다. 게다가 이 돈 써서 이렇게 고생할 일이었으면 그냥
시켜 먹을걸, 밖에서 사 먹을걸, 하는 생각이 든다. 그런

마당에 집에서 직접 해 먹는 건강식이라니. 생존만으로도 버거운 시간에 먹는 일에까지 그렇게 과도한 에너지를 쓰고 싶지 않다.

그래서 택한 게 다이어트 도시락. 한끼에 2000-3000원 정도인 데다 탄단지 균형도 적당하고, 냉동되어 오기 때문에 보관도 쉽다. 전자레인지에 2분만 돌리면 전문 영양사가 설계한 건강식이 완성된다. 게다가 맛있어! 이렇게 훌륭한 도시락을 어디 나 같은 다알못(다이어트 식단을 잘 알지 못하는 사람)의 수제 도시락에 비하겠는가. 결국 돈 버느라 병들어 찐 살, 돈으로 뺀다. 돈은 정말이지 돌고 돈다.

Part 2

일시불 항목
티끌 모아 태산

내가 결제의 순간 할부로 할지 일시불로 낼 지 결정하는 기준은 딱 하나다. 합계에 찍힌 숫자가 5만 원을 넘는가, 아닌가. 신용 점수 같은 걸 걱정할 때가 아니다. 신용 점수라는 건 일상적으로 사용되는 신분증이 아니다. 그건 전세대출이나 첫 보금자리대출, 주택담보대출처럼 억 단위의 돈을 필요로 하는 일, 장기적인 인생 계획에 해당되는 일을 수행할 때 자금을 확보하기 위해 '내가 이렇게 성실히 잘 살아왔다, 나에게 빌려주는 돈도 떼 먹지 않고 무사히 돌려주겠다'라는 신뢰를 얻기 위해 내미는 증명서 같은 거다. 당장 장 볼 돈이 없어 이 반지하 월셋집에서 우울증과 불안증에 시달리다 정신 줄을 놓게 생겼는데 900점이고 950점이고, 나에게 1000원 한 장

보태주지 않는 신용 점수가 다 무슨 소용이냐 얘기다.

앞서 말했지만, 온라인으로 5만 원이 채 안 되는 물건을 살 때는 일부러 몇천 원짜리 식료품이라도 끼워 넣어서 5만 원을 넘기고 할부로 결제한다. 무이자 혜택이 관대한 곳이라면 5개월로. 오프라인 매장에서는 그럴 수가 없다. 5만 원이 겨우 넘는 금액을 결제하면서 "할부하시겠어요?"라는 점원의 질문에 5개월이라고 답하긴 너무 창피하기 때문이다. 허영심에 눈이 멀어 분에 넘치는 소비를 하는 사람으로 보이고 싶지 않다. 6만 원짜리 운동화도 일시불로 못 살 만큼 빈털터리라는 걸 들키고 싶지 않다. 일시불 항목이 대체로 오프라인 매장, 그중에서도 식당이나 카페가 절반을 차지하는 이유다. 그다음은 일시불 이월결제액, 교통비, 병원비와 의류·잡화순이다. 한 번에 3만 원을 넘기는 내역은 없다. 그럴 땐 3만 원짜리 물건을 더 사서라도 할부를 하니까. 내가 일시불로 결제하는 건 대체로 하찮은 것들이다.

매달 적은 돈을 쓰는 것도 아닌데, 내 방에는 당근마켓에 되팔 수 있을 정도로 값어치 있거나 내구성이 뛰어난 물건이라고는 하나도 없다. 티끌 같은 물건을 티끌 같은 돈을 주고 태산만큼 산 것이다. 카드값이라는 산사태가 곧 나를 덮칠 것 같은데, 내겐 그걸 막을 방패가 없다. 물론 '그 돈으로 그래도 이건 지켜냈어!'라고 자랑스럽게 내세울 전리품 따위도 없다.

　　친구들과 종종 돈 얘기를 한다. 얼마를 번다, 받았다, 이런 얘기는 거의 없고 주로 저축은 어떻게 하고 학자금은 얼마나 남았고 집 보증금은 어디서 끌어오고…… 그런 이야기. 한 번 사는 인생, 갖고 싶은 것은 다 갖고, 하고 싶은 일은 다 해보고 죽겠다는 욜로YOLO족은 도대체 어디에 있는 것일까. 나나 내 친구들이나 하나같이 티끌 모으느라 허리가 졸리다 못해 디스크가 터져 나갈 지경인데.

　　지금부터 보여드릴 일시불 내역은 그 티끌의 자취다.

정신건강의학과의원 44,400원

2019년 초, 내 발로 심리상담소와 정신건강의학과 병원을 찾았다. 10년이나 미뤘던 일이었다. 상담을 예약한 날은 나의 서른한 번째 생일이었고, 그 무렵 나는 한계점에 다다랐다고 느꼈다. 생일이 다가오면 유독 우울감이 심해지긴 했지만 그해엔 그 낙차가 조금 더 컸다. 나에게 주어진 짐이 너무 무겁고, 성가시고, 버거웠다. 이 짐으로부터 도망치겠다고 10년도 넘게 다짐해왔지만, 내가 느끼는 고통이 정당한 고통인지 판단이 서지 않았기에 선뜻 병원에 걸음하지 못했다. 이 정도면 배부르고 등 따숩게 사는 거 아닌가. 나를 위해 죽고 싶은 걸 참으며 살았다는 엄마에 비하면, 나는 그 정도 책임과 고통을 짊어지고 사는 건 아니니까. 내 고통은 '객관적으로' 엄살인 게 아닐까.

배부른 고민을 감히 누구한테 내보여. 꾀를 부리거나 남에게 폐를 끼치는 것을 죄악시하며 산 까닭에 나는 나의 고통도, 그 고통에서 벗어나고자 하는 노력도 모두 죄처럼 느꼈다.

뭐가 원인이었을까?

모든 것이 원인이었을 것이다.

요즘 인생은 온통 맥거핀*으로 이루어져 있다는 생각이 든다. 살면서 벌어지는 사건 사고 들은 저마다의 인과관계로 인해 생겨난 것처럼 보이지만, 어쩌면 그 고리는 우리가 그 상황을 이해하고 받아들이기 위해 만들어낸 사후 생산물일지도 모른다. 당시에는 아무것도 아니었던 일들이 갑자기 커다란 트리거가 되기도 하고, 절대로 잊지 못할 것 같았던 일들이 돌아보면 너무 하잘것없는 사건이었다는 생각이 드는 때가 있지 않은가? 머릿속에 담긴 장면들을 편집해 그럴싸한 이야기를 만들어내는 것, 사실 전부 맥거핀일지도 모르는 사건들을 이리저리 이어 붙여 인생의 서사를 쓰는 것, 그게 사람들이 살아가는 방식이 아닐까 싶다.

그래서, 내 인생에서 어떤 사건이 가장 치명적이었는지

* 영화나 드라마에서, 중요하지 않은 것을 중요한 것처럼 부각시켜 관객의 주의를 끄는 장치.

나는 아직 정하지 못했다. 오히려 인생의 모든 사건
사고가 저마다의 방식으로 나에게 하방 압력을 가했다는
생각이 든다. 고리타분하고 뻔한 가족 문제, 나를 스쳐
지나간 연인들이 나에게 남긴 다채로운 트라우마. 돈,
진로, 자아정체성 등 따지고 들자면 멀쩡하게 굴러가는
요소라고는 하나도 없는 삶. 이렇게 생각하는 것조차
지나친 자기연민 같아 내 정신이 건강하지 않다는 증거로
삼고 싶어진다—어쩌면 정말 정신질환의 증세일지도
모르고. 그렇게 '보인다'와 '-이다' 사이에서 혼란스럽고
외로운 시간을 보낸 지 10년이 훌쩍 넘었다.

　　나는 늘 특이한 사람, 조금 다른 사람 취급을 받았고,
실제로도 여느 친구들보다 큰 파고 속에서 자랐다. 모든
가족이 서로를 사랑하며 화목한 것은 아니라고 말해주거나
관계가 반드시 누구 하나의 잘못이 있어야만 어그러지는
게 아니라고 일러주는 사람도 없었다. 나조차도 내가
이상해서, 이상한 가족 안에서 자라서 평범한 관계를
형성하는 방법도, 사랑받는 방법도 모르는 사람이라고
생각했다. 그런 생각이 들기 시작하면 끝없이 외로워졌고,
세상에 나를 이해하거나 위로해줄 수 있는 사람은 아무도
없을 것 같았다. 인간은 저마다 고유하고, 고유하기
때문에 타인은 늘 미지의 세계다. 미지의 세계는 공포의
대상이기도 하다.

그래서 나는 집에서도 밖에서도 긴장을 늦출 수가 없었다. 타인과 공존해야 하는 모든 공간이 지옥행 토끼굴이었고, 목적을 알 수 없는 친절은 어설프게 덮어둔 함정으로만 보였다. 하지만 그게 현실인 이상 받아들여야 한다고 생각했다. 유난 떨지 말자. 말만 안 할 뿐, 다들 이러고 살 거야. 그렇게 자신을 타이르며 무뎌져보려고 무던히 노력했지만, 무엇이 이유가 되건 주기적으로 사는 것이 지겨워 견딜 수가 없었다. 권태라고 불러도 상관없고 따분함이라고 불러도 상관없다. 그저 제발 삶이 멈추었으면 좋겠다고, 눈 뜨는 순간부터 다시 몸을 누이는 순간까지 쉼 없이 되뇌었다. 그러는 동안 이것이 이상한 일이라는 것도 분명히 알고 있었다.

병원에 가야 한다고 몇 번이나 생각했고 주변에서도 조심스럽게 정신과 상담을 추천했지만, 계속 미루기만 했다. 우울증의 원인을 꼬집어 말하기는 어렵지만 치료로 가는 길에 가장 큰 걸림돌이 무엇이었는지는 콕 집어 말할 수 있다. 돈이다. 각기 다른 이유로 상담이나 약물 치료를 받았던 친구들 말로 상담은 1회에 6만 원에서 10만 원 사이라고 했다. 그것을 매주, 못해도 3개월 이상 다녀야 한다니. 갑자기 삶에 대한 의지가 샘솟는 것 같았다. '혼자서 충분히 극복할 수 있을 거야, 나만의 대처 메커니즘만 찾아내면 돼!'

본격적으로, 그러니까 잉여분이 남을 정도의 돈을 벌기 시작했을 때, 나는 이미 우울을 내 삶의 디폴트 값으로 받아들인 상태였다. 선천적으로 과민하거나 성미가 급한 사람이 있듯, 내 우울도 지극히 평범한 유전적 특질이나 체질 같은 것이라고 생각했다. 우울이 천성이라고 믿었다. 우울감을 부정하고 교정하려고 애쓸 바에야 그 에너지를 모아서 나를 수용하는 데 쓰자, 그런 마음이었다.

사회가 우울증 환자에게 부여하는 온갖 편견을 나 자신에게 투사해본 것 같다. 의지의 문제라든가, 몸을 움직이면 나아질 거라든가, 배부른 고민이라든가…… 아니면 부정적인 감정이 때로 진한 영감의 원천이 될 수 있다든가.

하지만 살고 싶지 않은 사람에겐 의지도 운동도 아무 소용이 없다. 그런 생각에 휩싸인 사람에게는 침대에서 일어나 바닥에 발을 딛고 선다는 것 자체가 철인 3종 경기다. 게다가 그에게는 그만 살고 싶다는 명확한 바람이 있다. 배가 터지도록 먹거나 배가 쓰릴 때까지 먹은 것을 토해내며 자해를 하기도 하고, 그게 여의치 않으면 속에 있는 것들을 게워내려 뭔가를 쓰거나 만들어보지만, 밖으로 나오는 것들도 나로부터 나왔으니 나처럼 음침하고 우울할 뿐이다.

그해엔 악재가 한꺼번에 찾아왔다. 가족, 인간관계,

학업, 금전적 궁핍, 진로. 병원행을 결심한 날은 유독 그 모든 상황이 버겁게 느껴졌다. 학교에서도, 그 어디에서도 내 생일을 아는 사람은 없었고, 그런 건 먼저 이야기하지 않는 이상 당연히 모르는 게 정상인데, 머리로는 잘 아는데, 그게 그렇게 서러웠다. 그리고 이런 말도 안 되는 이유로 서러워하는 자신이 너무 한심해서 더 괴로웠다. 전부 관두고 싶었다.

결국 네이버 지도를 켜고 우리 동네 심리상담소를 검색했다. 심리상담소와 정신과의원은 모든 코너에서 내가 오기만을 기다리고 있었다는 듯 곳곳에 있었다. 그중 눈에 들어오는 상담소를 시험 삼아 방문했고, 한 달 뒤에는 누군가 X(옛 트위터)에 올린 병원 추천 글을 보고 정신건강의학과를 찾았다.

치료를 시작한 후로 복약과 단약을 몇 차례 반복했다. 조금 나아지는 듯했다가 다시 나락을 치곤 하는데, 상태를 악화시키는 가장 결정적이고도 거의 유일한 원인은 이번에도 돈. 스무 살 때부터 생각했던 정신과 상담을 이제야 찾은 이유도 돈. 사회적 낙인이나 약물의존증에 대한 우려 같은 건 사치스러운 걱정이었다.

그건 어찌되었든 치료를 시작했다는 이야기일 테니까.
나는 진단이라도 받아보고 싶었다. 내 고통이 유난스러운
호들갑이 아니라 의학적으로 병인이 존재하는, 타고난
기질이 아닌 호르몬 분비의 문제로 발생한 일시적인
증세라는, 전문가의 소견을 듣고 싶었다. 그걸 사람들에게
펼쳐 보여주고 싶었다. 정상성의 사회에서 '정상적으로'
활동 가능함을 증명하는 회원 등록증처럼. 하지만 세상에
공짜는 없다지 않은가. 병이 있음을 인정받는 일 역시 그
비용을 감당할 수 있는 사람들에게만 허락된 영역이었다.

　일주일에 한 번, 병원에 가면 지난 한 주간 있었던
일이나 생각나는 주제에 대해 떠든다. 선생님은 질문을
던지고, 나는 대답한다. 이번 주는 어땠어요? 어떤 날은
할 이야기가 없어 입술을 잘근거리다 돌아오기도 한다.
별일이 없었다는 건 어떤 의미예요? 매번 받는 질문이지만,
36년 인생을 어디서부터 어떻게 풀어내야 할지 도무지
모르겠다. 나는 여전히 나와 화해하지 못했고, 아무도
제대로 사랑하지 못한다. 매일매일이 엉망진창 얼렁뚱땅
우당탕탕 굴러간다. 이제는 충격을 흡수할 연골도 다 닳아
없어져가는데 어쩌면 좋을지 자꾸 생이 버겁고 번거롭다.

　상담의 80퍼센트는 나 혼자 떠드는 시간이다.
처음에는 마주 앉은 사람을 감정 쓰레기통으로 쓰려고
돈을 내고 병원에 온다는 게 너무 폭력적이라고 느껴져

말을 꺼내기가 어려웠다. "그게 제 일인데요, 그러려고 돈 받는걸요." 선생님이 그렇게 웃으며 대답해주기 전까지는 말이다. 진료 도중 누름돌 아래 켜켜이 쌓아둔 설움이 터져 나오면 민망해서 어쩔 줄을 모르겠다. 자기연민이 극에 달하다 못해 내 사연에 내가 슬퍼 우는 꼴이라니. 그럴 때마다 나만큼이나 연륜이 쌓인 내 안의 심판관이 등장한다. 이게 울 만한 일인가, 화낼 만한 일인가, 감정을 표출해도 적절한 때인가, 그 방식은 적절한가, 그 이유와 과정이 합리적인가, 논리적인가, 그래서 누가 듣더라도 충분히 납득할 만한 사연인가. 심판관은 5조 5억 개의 잣대를 쥐고 나타나 내 속에 있는 말 한마디 한마디를 검열하기 시작한다. 이런 검열 기제가 작동하려 할 때마다 선생님은 충분히 그럴 수 있다며, 힘들고 당혹스럽고 슬픈 게 당연하다며 내 감정을 지지해준다. 선생님의 말을 듣고 나면 내 고통을 이해받고 승인받았다는 생각에 안심이 되면서도, 스스로의 감정을 느끼는 일조차 타인의 판단에 기대는 나 자신이 다시금 답답해졌다.

내게는 심한 불안증과 경미한 우울 증세가 있었다. 이로 인해 새로운 사람을 만나면 상대와의 적정 거리를 파악하기 위해 온 신경을 곤두세우는 편이고, 그 피로도에 대한 반사작용인지 관계를 빠르게 판단 내리곤 한다. 특히 가까워지고 싶은 상대를 만나면 호감이 어디에서

기인했는가는 차치해버리고 내 마음을 물질로든 언어로든
무턱대고 있는 그대로 표현했다. 도무지 그걸 숨기거나
참을 수가 없었다. 사람마다 감정의 속도가 다르다는
사실을 이제는 알지만, 사랑받고 싶고 욕망의 대상이 되고
싶었던 20대의 나는 감정이 생겨나면 반드시 분출해야만
했고, 그랬다가 내가 느끼는 호감도에 상응하는 반응을
즉각 얻지 못하면 관계를 잃을 것 같단 생각에 불안감이
폭발했다. 그렇게 조급하게 굴고, 수위와 때를 조절하지도
못하는 바람에 관계를 그르친 적이 한두 번이 아니다.
30대에 들어선 지금도 전보다 느긋해지긴 했지만(이건
증상이 개선돼서라기보다, 다분히 내 에너지 레벨이 현저하게
떨어져서일 것이다) 대인관계가 원하는 대로 풀리지 않으면
내가 무언가를 망쳤다는 자책과 자학의 사고 회로가
작동한다. '문제의 원인은 모든 사건의 공통분모인 나한테
있겠지.' 어려서 친구들이 해주었던 조언이 반복 재생됐다.
이 사고 회로가 타투처럼 뇌에 새겨져 문제가 발생할
때마다 매뉴얼을 따르듯 같은 절차를 따르게 된다.

　　나의 뇌는 문제의 원인을 객관적으로―내부와
외부에서 동시에―찾는 방법 따위는 모른다. 내 환경은
나를 그런 몰염치한 인간으로 키우지 않았다. '네가 겪는
모든 문제는 네 태도, 마음가짐, 어쩌면 타고난 자질의
문제야!' 하지만 이제는 살면서 반복해온 실패를 다시 겪고

싶지 않다. 그런데 결과를 바꾸려면 원인과 과정을 바꿔야
하고, 원인과 과정은 내가 세상에 반응하는 방식이므로,
결국 나를 바꾸지 않으면 아무것도 해결되지 않을
것이었다.

병원을 찾은 건 그래서 무엇부터 바뀌어야 하는지,
변하기 위해서는 어떤 방법이 효과적인지 조언을 얻기
위해서였다. ……그런데 선생님은 매번 '전문가의 의견'은
제공하지 않고 질문만 던졌다. 하루는 X에서 만난 친구와
급격하게 사랑에 빠져, 그의 집에 며칠씩 머물다 2주 만에
헤어지곤 엄마 잃은 아이처럼 대성통곡했던 에피소드를
이야기했다. 선생님은 물었다. "어떤 지점에서 울고
싶어졌나요?" "알게 된 지 얼마 안 된 상대인데, 어떻게
그렇게 극적인 감정이 생겨났을까요?" 나는 되묻고
싶었다. 저야말로 그 이유를 알고 싶은데 말입니다.
저는 왜 가뭄 든 논바닥처럼 한 방울의 다정에도 온
땅이 진동하는 사람이 되었을까요. 이건 도대체 어떻게
고칠 수 있나요. 이 속력을 어떻게 늦추냐는 말입니다.
'평범한 사람들'은 도대체 호감이 있는 상대와 가까워지는
데 얼마나 걸리나요? 그걸 알려주세요. 처방해주세요.
그대로 따를게요. 하지만 선생님은 나를 섣불리 판단하고
진단 내리는 분이 아니었고, 그런 사람에게 내 속내를
미주알고주알 털어놓고 왜 가치 판단을 해주지 않느냐고

따질 순 없는 노릇이었다.

상담이 장기전이라면 약물은 단기전일 수 있다. 내가
처방받은 약물은 효과가 있었을까? 있었다. 특히 첫 번째
약은 드라마틱한 변화를 가져왔다. 보통 약물은 2개월 이상
복용해야 효과가 나타나기 시작한다는데, 나는 3주 만에
감정의 변화를 느꼈다. 위약 효과였을 수 있지만, 약을
먹기 시작한 후로 내 감정이 내 것 같지 않다거나, 감정의
정확한 모양을 알기 어려워 답답할 때가 많았다. 꼬리에
꼬리를 물고 이어지던 생각의 타래도 어느 순간 자연스럽게
끊겼다. 무언가 골똘히 생각해보려 해도─특히 하등
쓸모없는 고민이나 걱정을 하려고 들면─정신을 차렸을
땐 이미 생각이 멎어 있었다. 무디고 단조로운 하루하루가
지나갔다. 이게 '평범'이구나 싶었다. 보통 사람들은 이런
상태로 일상을 영위해왔다는 사실이 너무나 충격적이었다.
내가 이상해 보일 수밖에 없었겠구나. 이게 표준정규분포의
가운데 올라앉는 기분이구나.

물론 여전히 어려운 부분들도 있었다. 우선 내가
정말 나아지고 싶은 것인지 확신이 들지 않았다. 나아가
행복해지고 싶다는 생각도 들지 않았다. 치료 중에는 내가
관심에 대한 갈증을 정당화하려고 약을 먹는다는 생각도
들었다. 꾀병이 아니라 진짜 병명이 있는 환자로서 받는
관심이 좋아서 이러나 싶었다. 자기의심은 약을 먹어도

그치질 않았다. 잠들기도 어려웠다. 잠이 안 오는 게
아니라 졸리고 피곤한데도 잠드는 게 싫었다. 잠이 싫은
건지, 하루를 마치고 또다시 하루를 시작해야 하는 게
싫은 건지는 잘 모르겠다. 슬픔과 우울이 어떻게 다른지도
구분이 안 됐다. 우울은 당연히 슬픔이라고 생각했고
슬픔이 찾아오는 순간엔 늘 우울이 곁을 지키고 있었다.
둘은 단짝친구였고, 불가분의 관계였다. 하지만 그것도
좀 이상하다는 생각이 들었다. 글도 잘 안 써졌다. 한동안
아무것도 맘대로 쓸 수가 없어 약이 무용하다 느낄
지경이었다. 우울이 정말 내 재능이었나? 우울하지 않으면
글을 쓸 줄 모르는 인간인가? 내 자신이 실망스러웠다.
어느 순간에 글 쓰는 일은 끝났다고도 생각했다. 그러다 또
어느 날엔 즐겁게 쓸 수 있었다. 그럴 땐 약을 먹어도 글을
쓸 수 있겠다는 희망이 조금 생겼다.

　　나는 지난 20년간 우울감이 모든 사람의 기본
감정이라고, 그런 걸 느끼지 않는 사람들이 '비정상'이라고
생각했다. 인간은 왜 사는가, 죽음은 무엇인가에 흥미를
가지기 시작한 때가 열두 살이었다. 삶에 대한 비관이
싹트기 시작한 것도 그 무렵이다. 태어났고, 아직 죽지
않았으니 사는 수밖에 더 있나, 어쩔 도리가 없는
삶이었다. 사는 게 무료하고 지겹기 짝이 없어서 갖은
발광을 부려봤지만, 그럴수록 덧없음만 재확인하는

시간들이 이어졌다. 그게 약 몇 알이면 개선될 수 있는 문제였다니.

막상 정신과에 다녀보니, 치료비는 합리적이었다. 10년 가까이 망설인 게 허무하게 느껴질 정도로. 이럴 줄 알았으면 진작 올걸. 얼마나 나올지 잘 알지도 못하면서 미리 돈 걱정에 덜덜 떨다 상태를 악화시켰다는 생각이 들 때마다 화가 나고 슬프고 서러웠다. 마음이든 몸이든, 병을 키우다 보면 결국 호미로 막을 것 가래로도 못 막는 날이 오기 마련인 줄 누가 모를까. 하지만 누군가에게는 당연한 그 일이 가난한 이에게는 여유가 생겨야만 누릴 수 있는 호사로 여겨진다. 가난은 현실을 공포스러운 것으로 만든다. 가난이 만들어낸 겁에 질리면 병을 정당화하는 지경에 이르기도 한다.

보은이 선물 8,000원

은행 빚은 무섭고 마음의 빚은 무겁다.

　　오랜만에 친구를 만났다. 보은이는 대학 같은 과 후배로, 그가 스무 살일 때 만났으니 알고 지낸 지 벌써 10년도 넘었다. 우리 학번 친구들은 어째서인지 다들 결혼 소식조차 없는데, 희한하게 후배들 청첩장은 노래방 예약곡처럼 정신 차리고 고개를 들면 어느새 하나씩 차례차례 잘도 온다. 사람은 결혼할 때 한 번, 부모가 되면서 또 한 번 어른이 된다던데 보은이는 그렇게 먼저 어른이 된 친구들 중 한 명이다. 이 8000원은 청첩장을 건네며 나에게 거한 밥까지 샀던 나보다 어린 어른 친구 보은이를 위해 썼다. 그의 결혼식 이후 처음 단둘이 만나는 자리였다. 나는 폼폼 국화였던가, 꽃잎이 풍성하게 달린

꽃을 사 들고 갔다.

자라는 동안 성적도 좋았고 학교 안에서나 밖에서나 문제 행동 한 번 한 적 없는 나를 잡고 싶을 때 엄마가 무기처럼 하던 말이 둘 있는데, 그중 하나는 "밖에서 네 친구들한테 하는 거 반만이라도 집에서 해봐"였다. 나랑 같이 학교를 다닌 것도 아니고 내 몸에 카메라를 달아둔 것도 아니면서 도대체 뭘 보고 그런 말을 했는진 알 수 없지만, 사실 그때마다 나도 조금은 뜨끔했다. 실제로 엄마나 동생보다 친구들을 향한 애정이 더 크고 따뜻했기 때문이다.

이런 것도 인복이라고 부르는지 모르겠지만, 학창 시절 내내 주변에 마음도 형편도 너그러운 친구가 많았다. 내가 매점 앞에서 쭈뼛거리고 있으면 내 몫의 아이스크림이나 딸기우유까지 턱턱 사서 내미는, 같은 학생 처지인데도 더 후하게 베푸는 친구들. 중고등학교 때는 혜지, 혜원이가 그랬고, 대학 때는 현지나 찬흠이, 보은이, 유진이가 그랬다. 유진이는 어느 날 대뜸 이런 말을 해 나를 웃게 만들기도 했다. "내 전재산이 5만 원이라면, 언니한테 2만 원은 꿔줄 수 있어." 재산의 40퍼센트를 나에게 할애할 수 있다며 웃어 보이던 유진이는 실제로 내가 곤란에 처할 때면 망설임 없이 내 밥값을 챙겨주곤 했다.

친구들의 지갑이 좀더 쉬이 열렸던 것이 그 안에 든

두둑한 지폐 때문이었는지 더 넓은 마음 덕분이었는진 알 수 없지만, 나는 두 가지가 다 부족해 좀체 지갑을 열지 못했다. 대학을 다니는 내내 과외를 했지만 내 통장 잔고는 50만 원을 넘겨본 적이 없었다. 한 학기 휴학해서 한 학기 등록금을 모았다는 친구들을 보면 도대체 뭘 어떻게 했길래 그 돈을 모은 건지 따라다니며 배우고 싶었다. 나는 악착같이 산다고 사는데, 개강 날 친구들이 방학 동안 해외여행을 다녀왔다든가 알바해서 모은 돈으로 노트북을 샀다든가 하는 얘기를 들으면, 일을 그렇게 하고도 고작 100만 원도 모으지 못했다는 자괴감과 열등감이 동시에 일어 괴로웠다. 하지만 입학도 늦었던 마당에 졸업까지 늦출 수는 없었기에 하루빨리 대학을 졸업해야 했고, 졸업 후 취업을 해야만 가난으로부터도 졸업할 수 있을 것 같았다. 매점에서 설탕이 서걱서걱 씹히는 공장제 크림빵 하나를 살 때조차 계산기를 두드렸던 나와 달리 순수한 마음으로 호의를 베풀어주었던 친구들에게 은혜를 갚아줄 수 있는 길 역시 서둘러 취업하고 월급을 받아 밥이라도 한 끼 더 사는 것이라고 믿었다.

문제는 사회생활을 하는 동안에도 사는 게 녹록지 않았다는 점이다. 2014년 내 첫 월급은 300만 원이었다. 세후 실수령액은 월 220만 원 정도. 내가 첫 직장에 다니던 시기 유행하던 재테크 법칙이 있었다. 월급의

70퍼센트☆는 무조건 저축할 것. 요즘처럼 주식이나 코인 투자가 젊은 층 사이에서 유행하기 한참 전이므로, 사회 초년생이라면 자고로 버는 돈의 대부분은 적금에 부으라는 조언이었다. 그렇게 해서 6-8개월간 1000만 원을 모으고, 그런 식으로 30대 초반까지 1억을 모아 부동산(정확히는 아파트)에 투자하는 것이 정해진 경로. 그에 따르자면 나는 매월 150만 원 정도는 저축해야 했다. 그렇게 되면 내게 남은 한 달 생활비는 70만 원. 숨만 쉬고 수돗물만 마시고 살란 얘기인가.

나는 숨도 많이 쉬고 물도 많이 마시는 까닭에 그만큼 저금할 수는 없었다. 그래도 아끼고 아껴 써 월 80만 원짜리 적금을 부었다. 당시 한 달 평균 카드값이 130만 원 정도 였으니, 내가 현금으로 쓸 수 있는 돈은 매달 10만 원이었던 셈. 이건 비상금으로 두었다. 경조사 비용은 아니었고 피치 못하게 현금을 써야 할 경우에 대비해 모아둔 돈이었다. 가령, 다 같이 식사하는 자리에서 한 사람의 카드로 모두의 밥값을 계산하면 내 몫의 밥값은 그에게 계좌 이체해주어야 하니까. 같은 이유로 어딜 가게 되면, 특히나 월말이 가까워져 오면, 나는 내 카드로

☆ 다른 친구 얘길 들어보니 2021년에는 그 기준이 55퍼센트로 줄었다더라. 물가는 오르는데 임금 상승률은 제자리걸음을 하고 있거나 점점 줄어들고 있다는 증거 아닐까?

계산하겠다며 먼저 벌떡 일어서곤 했다. 조삼모사라 할지라도 당장 손에 쥔 현금을 늘려볼 요량이었다. 특히나 5만 원이 넘으면 밥값을 할부로 하고, 월급 날이 돌아올 때까지는 친구들이 보내준 현금으로 생활했다.

그 시절에는 무얼 했길래 카드값이 130만 원이 나왔느냐. 기억나는 대로 써보겠다. 당시 내가 매달 지불해야 하는 고정 비용은 다음과 같았다.

교통비 ·············· 80,000원

통신비 ·············· 100,000원

보험료 ·············· 70,000원

월세 ·············· 300,000원

합계 55만 원. 그럼 벌써 월급의 4분의 1이 사라지는 셈이다. 그 외 고정비에 가까운 지출 항목이 있다. 식비. 점심 값이 끼니당 8000원 선이니 한 달 근무일인 20일 동안 드는 식비는 최소 16만 원. 가끔 거금 1만 원짜리 점심을 먹기도 하니 넉넉하게 20만 원으로 계산해보자. 아침에 사 먹는 달걀이나 바나나, 우유, 간식, 점심 식사 후 팀원들과 다 같이 마시는 커피 등을 추려보면 그것만 따로 헤아려도 월에 10만 원은 되지 않았을까? 그럼 총 30만 원이 사라진다. 이제 85만 원 썼다. 여기서 비상금

─가족의 경조사 및 기념일, 사고 처리 및 의료 비용─

명목으로 20만 원 정도 지출한다고 하면 105만 원이다. 거기에 적금 80만 원. 밖에서 사회생활하고 대인관계를 유지함에 있어 필요한 최소한의 예의만 차린다고 해도 오롯이 내 즐거움만을 위해 쓸 수 있는 돈은 많아야 20- 25만 원 정도다. 이 돈으로 책 사 보고, 영화 보고, 음악 듣고, 옷 사고, 신발 사고, 거기에 한 달에 한두 번 친구들 만나 밥도 먹어야 한다는 말이다. 20만 원이 적은 돈이란 이야기는 아니다. 하지만 그 돈으로는 친구들에게 좋은 식사 한 끼, 친구가 몇 번을 들었다 놨다 했던 모자, 가방, 귀걸이 따위를 턱턱 사줄 정도의 여유가 안 된다. 누군가의 결혼 소식이라도 들리면 나는 두 달 전부터 잔돈을 모았다. 허구한 날 야근하며 성실하고 정직하게 돈을 버는데도, 어디 가 남에게 폐 안 끼치며 사회생활에 문제없을 만큼만 쓰면서 아끼고 아껴가며 사는데도, 나는 여전히 친구들에게 진 마음의 빚을 갚지 못했다. 그렇게 가난했던 첫 직장 생활의 끝에 더 가난한 대학원생 구간이 나를 기다리고 있었을 줄이야.

지독하게 가난하다 못해 아침이 오지 않기를, 눈을 뜨지 않기를 간절히 바라며 겨우겨우 뇌 내 스위치를 내리던 2019년, 보은이가 결혼을 했다. 하필이면 그해 나는 220만 원은커녕 22만 원의 고정 수입조차 없는 석사

2학년생이었다. 그렇다고 친구들이 내 처지가 나아질 날을 기다렸다 식을 올릴 수는 없는 일 아닌가. 보은이가 청첩장 주고 싶다며, 밥 먹자는 연락을 해왔을 때, 축하하는 마음이 드는 만큼 면목도 없었다는 걸 보은이는, 그리고 보은이보다 먼저 결혼했던 다른 친구들은 몰랐을 테지. 얇은 축의금 봉투가, 내 주머니 사정이, 친구들의 앞날을 축복하는 내 마음의 10분의 1도 담아내지 못한다는 사실이, 민망하고 미안했다. 가난이 자꾸 나를 염치없는 사람으로 만들었다. 가난하다고 해서 사랑을 모를 리가 있겠는가. 사랑을 듬뿍 주고 싶은데, 베풀고 싶은데, 가난한 사랑은 형태를 얻지 못한다. 꼭 벌거벗은 임금님의 새 옷처럼, 천진난만한 알맹이만 안에서 낯부끄럽게 굴러다닌다.

청첩장을 돌리는 데만도 상당한 돈이 들어서 보통은 대여섯 명씩 그룹을 지어 만난다는 건 나중에야 알게 됐다. 시간이 안 맞아서였는지, 아니면 다른 이유가 있었던 건지 나와 보은이는 단 둘이서 만났다. 보은이는 유명한 원 테이블 스테이크 하우스로 나를 불러 스테이크에 우니 파스타까지 사주었다. 그 귀한 식사 자리에서 내가 보은이에게 해줄 수 있는 거라고는 도톰한 엽서에 근하신년과 축하의 말을 적어 건네는 것뿐이었다. 그날, 식사가 끝나고 보은이가 주문내역서를 들고 앞장서 걸어

나갔다. 나는 계산대 옆에 어색하게 서서 옷 매무새를 다듬는 척했지만, 사실은 음식 값이 얼마나 나온 걸까 마음졸이고 있었다. 적어도 오늘 얻어먹은 밥값보다 축의금을 적게 낼 수는 없지. 마음속에서 또 장부와 계산기를 꺼냈다.

……더 얹어주고 싶었지만 결국 보은이의 결혼식 축의금은 그날 먹은 밥값 정도밖에 내지 못했다. 축의금 봉투 안에는 이것밖에 해주지 못해 미안하다는 편지를 동봉했다. 이날 사 들고 간 꽃도 일종의 편지였다. 금액만 보면 보답이라기에는 여전히 한참이나 모자라지만 시들지 않아 오래오래 두고 볼 수 있는 퐁퐁 국화에 나의 해묵은 미안함과 고마움을 담았다. 그러고도 여전히 내 장부에는 보은이와의 저녁 식사가 갚지 못한 부채로 기록되어 있다.

별로 자랑할 이야기는 아니지만 내가 저지른 가장 큰 반사회적 행동은 고등학생 때 문구점에서 작은 사탕 한 알을 훔친 일이다. 아직 한국에서 학교를 다니던 시절이었는데, 우리 학교에서 가장 가까운 지하철역까지 가려면 근처 대학교 캠퍼스를 가로지른 후 교문 앞에서부터 즐비한 상점가를 지나쳐야 했다. 나와 내 영혼의 반쪽(이라고 나 혼자 믿고 있는) 혜지는 늘 함께 등하교하며 상점가 중앙로에 늘어선 다양한 길거리 음식을 도장 깨기 하듯 해치워갔다. 하필 그날은 빼빼로 데이가 코앞이어서 가게마다 연인에게 선물하라고 과대 포장한 물건을 빼곡히 진열해두곤 영업에 열을 올리고 있었다. 지하철역으로 향하던 우리는 누가 먼저랄 것도 없이 사탕 바구니며 초콜릿 상자를 잔뜩 쌓아둔 팬시점으로 흘러들었다. 그곳에는 우리가 좋아하는 군것질거리가 한 가득 있었다. 매장 안에는 사탕만큼이나 손님도 많았고, 우리는 뷔페라도 온 것처럼 한 줄로 서서 움직이기 시작했다. 그렇게 이리저리 휩쓸려 다니던 나는 혜지가 좋아하는 사탕이 잔뜩 담긴 통을 발견하곤 그 앞에 잠시 멈춰 섰다. 혜지는 일찍이 인파 속으로 떠밀려 간 뒤였다. 나는 마치 찾는 물건이 있던 사람처럼 자연스럽게 무언가를 찾는 척하면서 내 춘추복 소매 안으로 사탕 한 알을 슬쩍 밀어 넣었다. 계산대는 줄을 선 사람들에 가려 보이지도 않았고 매장 한 구석에 장식처럼 설치된 도난 방지용 거울에도 빽빽하게 밀려든 사람이 500명은 비치고 있어서, 내 작은 손짓은 티도 나지 않을 상황이었다. 나는 소매에 쑤셔 넣은 사탕이 흘러내리지 않도록 손을 소매 안으로 최대한 밀어 넣은 다음 주먹을 꽉 쥐고 아주 천천히, 태연하고 느긋하게 순서를 지켜 매장을 빠져나왔다. 그러고는 지하철역 출구에 다다랐을 때에야 혜지를 불러세웠다. "야 야, 잠깐만 손 내밀어봐." 혜지는 영문을 모르겠다는 표정으로 나를 쳐다보며 내 쪽으로 손바닥을 펼쳐 보였다. 나는 히죽히죽 웃으면서 혜지의 손바닥에 아주 작은 사탕 한 알을 떨어트렸다. 혜지는 이해가 가지 않는다는 듯 고개를 갸웃거리더니 물었다. "너 이거 언제 계산했어?" 나는 뭐가 그리 자랑스러웠는지 "계산 안 했는데? 그냥 조용히 가지고 나왔어"라고 답하고 계속 웃었다. 그리곤 덧붙였다. "이거 너 좋아하는 거잖아. 킥킥 빨리 먹어."

　　20년이 훌쩍 지난 일인데도 혜지는 우리 우정의 역사를 곱씹을 때면 이날의 도둑질을 가장 먼저 언급한다. 얘 손버릇이 어떤 줄 아느냐며, 그날만큼 우정이란 무엇인지 혼란스러웠던 적이 없다며. 사실 나도 왜 그렇게까지 했는지 모르겠다. 사탕 한 알에 고작 200- 300원 정도였을 텐데, 그 정도로 돈이 없었나 싶다가도 고등학생씩이나 되어서 저지른 일탈이 내 즐거움을 위한 탈선도, 어른들을 향한 반항도 아닌, 친구 입에 넣어줄 사탕 한 알 훔치는 행동이었다는 게 좀 웃기고 어이가 없다. 하지만 내가 1000원짜리 피자나 포장마차 순대볶음을 보며 배곯을 때마다, 하나 먹고 가겠냐는 친구의 물음에 용돈이 떨어져서 안 된다고 아쉬운 한숨으로 답할 때마다, 혜지는 늘 자기가 살 테니 그냥 먹으라며 가게 앞으로 나를 이끌었다. 그런 친구에게 나도 뭔가 보답을 하고 싶었던 걸까? 우스꽝스럽고 어이없는 행동으로 혜지를 웃길 수 있다면 일석이조라는 계산도 있었던 것 같다. 살면서 누군가를 위해 물건을 훔쳐본 건 그날이 유일했다.

친구들과 신세 한탄을 하다 말고 얼마쯤 벌고 싶냐는 질문을 주고받을 때가 있다. 욕심이나 포부 같은 걸 묻는 게 아니라, 이 정도만 벌면 행복하겠다 싶은 최저 행복 비용이랄까. 행복이란 게 꼭 소득과 비례하는 건 아니라서 월 실수령액이 600만 원 정도 되면 그 이상부턴 효용감이 비슷하다고 하니 600만 원이면 되겠다는 친구도 있고, 지금 버는 돈의 딱 두 배만 됐으면 좋겠다고 하는 친구도 있다. 나는 내가 좋아하는 사람들에게 때와 장소에 구애받지 않고 그들이 좋아하는 것들을 기꺼이 사줄 수 있을 만큼만 벌고 싶다. 생일이 아니어도, 결혼식이 아니어도, 그저 친구가 행복해하는 모습을 보고 싶다는 마음이면 충분히 합리적인 소비라고 스스로를 이해시킬 수 있을 만큼. 소중한 사람들과 기쁜 날을 함께 기뻐하고 축하하면서도 한쪽으로 돈 걱정을 하지 않아도 될 만큼. 내 마음을 보여주진 못하지만 그래도 내 최선인 액수가 얼마인지를 거듭 계산하지 않아도 될 만큼. 딱 그만큼이면 족하다.

대중교통 117,700원

대학원 생활과 직장 일을 병행하던 시절, 나에게 택시는
작은 사치가 아니었다. 아침 일찍 지옥철에 실려 출근해서
반나절을 근무하고 나면 점심도 거르고 등굣길을 재촉해야
했다. 출근하는 대신 수업을 듣는 날이라고 크게 다를 건
없었다. 빵이라도 한 조각 물고 지하철에 오를 수 있으면
운이 좋은 날이었다. 매일 파김치 상태로 대중교통 속
인파에 휩쓸려 다니다 보면 아주 사소한 일에도 화가
치밀었다. 승강장에 서 있는 사람들은 왜 다른 승객이 내릴
때까지 기다리지 않고 열차로 들이닥치는 걸까, 승객들이
내리는 와중에도 문 앞을 지키고 서서 꼼짝도 않는 사람은
왜 그러는 걸까, 왜 어떤 사람들은 허공에 대고 욕을
해대는 걸까, 임신할 수도 없는 사람들이 왜 임산부석에

앉아 있을까, 왜 어떤 기차에선 온갖 악취가 나는 걸까, 왜 기본적인 매너도 지키지 않을까. 대중교통에만 오르면 혐오 게이지가 끝도 없이 올라갔다. 하지만 절이 싫으면 중이 떠나야지. 그 꼴을 더는 못 견디겠을 때 나는 한 번씩 택시를 탔다. 그건 함께 사는 사회에서 타인에게 폐를 끼치지 않으며 인간으로서 최악의 모습을 보이지 않고 하루라도 더 이 생의 고통을 견뎌내보겠다는 절실한 발악이었다.

오전 근무를 마치고 오후 수업을 위해 대방동에서 이문동까지 이동하는 등굣길, 나는 목각인형 관절처럼 달각달각 소리가 나는 슬개골과 고관절을 원망하며 입술을 꽉 깨물고 택시를 향해 손을 흔들었다. 친구들과 길을 나설 때에는 각자 나눠 낼 택시비를 속으로 조용히 셈하며 기쁜 마음으로 기사님이 운전해주시는 차에 올랐다. 서른이 다 되도록 면허도 없고 당연히 자차도 없었던 나는, 택시를 탈 때면 드라이브를 즐기는 마음으로 바람을 쐬는 거라고 상상했다. 지난 택시 드라이브 이후 한동안 연골이 닳도록 뛰었으니 오늘의 나는 누릴 자격이 있다, 스스로를 격려하면서.

요즘 택시 요금을 기준으로 계산해보면 2만 5000원은 홍대에서 강남으로 넘어가는 편도 요금 정도 된다. 매달 그 정도의 금액으로 나는 길바닥에서 무너져

내릴 고비를 넘겼다. 이것은 사치가 아니라 차라리 치유에 가까웠다. 이거야말로 금융 치료지 싶을 만큼.

나는 비교적 늦은 나이에 운전면허를 취득했다. 주변 지인들을 보면 수능이 끝나자마자 따거나, 대학 재학 중 학교와 연계된 운전면허 학원에서 저렴한 가격에 수업을 듣고 운전면허를 취득하던데, 나는 30대 중반이 다 돼서야 운전면허를 땄으니 10년 정도의 경력 차이가 있는 셈이다.

면허 취득이 늦어진 데에는 몇 가지 이유가 있다. 미국 유학 당시 도로주행시험에서 세 번이나 떨어진 후로 운전에 대한 공포가 생겼고, 한국에 돌아와서는 100만 원 가까이 드는 운전 연수 비용을 감당할 형편이 되지 않았다. 운전을 우선순위에 둘 이유도 딱히 없었다. 서울에서 나고 자란 나는 인지하지 못하는 사이에 온갖 교통 인프라의 혜택을 받았고, 덕분에 운전을 못 한다는 사실이 일상생활을 하는 데 커다란 불편으로 느껴진 적도 없었다. 대중교통이 발달하지 않은 지역에선 운전이 생존에 필요한 기술이란 것도 나중에야 알았다.

비운전인이 체감하는 기동성의 한계를 처음 느낀 건 독립을 하면서였다. 집안 식구들이 달가워하지 않는

독립을 위해 이사 준비를 할 때였다. 당시 계약한 집은
공실이었기에 이사 전날 식물이나 아끼는 그릇 같은
것들을 미리 옮겨두고 싶었다. 이삿짐 트럭에 실었다가는
제 모습을 유지한 채로 새 집에 도착할 수 없을 것 같았기
때문이다. 새 집에 깔 이케아 카펫을 고를 때도, 물건
값보다 배송비가 더 비싼 걸 보면서 자가용만 있었더라면
이 돈을 아껴 다른 데 쓸 수 있었을 거라며 한탄했다. 내
키만 한 화분을 옮기는 일도, 카펫을 어깨에 짊어지고
이동하는 일도, 뚜벅이에게는 거의 불가능한 미션이었다.
그렇다고 식구 중에 운전할 줄 아는 사람이 있었던
것도 아니다. 있었다 한들 도움을 청할 수 있는 상황도
아니었고.

　　내가 독립하겠다 선언하자 엄마는 아픈 몸에 장애도
있는 당신을 버리고 저 혼자 편히 살겠다고 나간다며 나를
비난했다. 동생 역시 내 말이 끝나기 무섭게 앞으로 집세와
엄마 생활비는 어떻게 할 거냐며 따져 물었다. 어디로
가는지, 필요한 건 없는지, 왜 나가려 하는지는 아무도
궁금해하지 않았다. 나도 최후통첩을 날렸다. "나 독립하면
더 싼 집 찾아서 이사를 하든 각자 집을 구하든 해." 엄마와
동생은 여전히 내 뜻에 응할 수 없다는 표정을 지었다.
결국 마음이 약해진 나는 독립을 한 후에도 두 사람이 새
집을 구할 때까지 월세의 절반을 보내겠다고 말을 바꿨다.

그로부터 5년이 지난 지금까지 나는 내가 살지도 않는 집의 대출 이자 절반을 내며 살고 있다.

　근처에 차 있는 친구라도 있었더라면 좋았으련만, 내게는 동네 친구마저 없었다. 거리를 넓혀봐도 자차를 가진 친구 중에 부탁을 할 만큼 가까운 친구는 얼마 없었고, 그들에게 도움을 요청할 용기도 없었다. 체면 때문이었을까, 아니면 혼자 제 삶 하나 건사하지 못한다는 생각에 자존심이 상했던 걸까. 나는 도움을 청하는 대신 추가 비용을 지불하는 쪽을 택했다.

　하지만 유기견 입양을 진지하게 고려하면서부터, 다시 면허가 필요해졌다. 앞으로 함께할지 모를 네 발 친구를 위해 더는 운전을 미룰 수 없다는 판단이 선 것이다. 그길로 회사 복지 카드를 이용해 운전면허학원에 등록했다. 목표가 확실해서였을까, 요령이 는 걸까. 면허시험에 세 번이나 떨어졌던 열아홉 살 때와 달리 이번엔 기능시험부터 도로주행까지 한 방에 패스하는 기적이 일어났다.

　그렇게 늦깎이 운전인이 된 뒤론 도시가 다시 보이기 시작했다. 서울 구석구석에는 뚜벅이인 내게 출입을 허하지 않았던 가파른 언덕이나 드라이브 전용 코스들이 숨어 있었다. 차를 타고 그런 길에 들어서면 꿈에도 상상 못했던 곳에서 전망이 기가 막힌 갤러리나 카페, 식당 들이 나타났다. 머릿속에 있던 서울 지도를 새로 그려야 할

판이었다.

　　너무 멀어 갈 엄두조차 내지 못했던 친구의 동네에도
갈 수 있었고, 대중교통을 탔다면 불편하게 한 세월 가야
했을 경로를 폭신한 운전석에 앉아 노래까지 들으며 빠르게
주파할 수도 있었다. 또 차를 끌고 나서면 지옥철 속 승객
틈바구니에 끼어 이리 치이고 저리 치이지 않아도 됐다.
다른 사람들의 체온과 체취를 인내하지 않아도 됐고,
사람들과 어깨를 부딪치며 기싸움하지 않아도 됐다. 이동
내내 서 있느라 목적지에 도착하기도 전에 방전되는 일도
없었고, 내 시간표에 맞춰 움직이면 되니 배차 시간을
놓칠까 조바심 내며 숨 가쁘게 뛰어다닐 일도 없었다. 차는
내 체력을, 제한된 시간을 아껴주었다.

　　차만 있으면 인내심을 희생하지 않고 목적지까지
편안하게 이동하는 여유를 누릴 수 있었다. 대중교통보다야
당연히 돈은 더 들지만 그 정도 비용은 나의 육체와 정신의
건강을 위해서 기꺼이 지불할 수 있었다.

　　이동권이라는 단어를 처음 절실히 인식하게 된 것은
엄마 때문이었다. 엄마는 10년 전 뇌출혈로 인해 편마비가
왔고, (이젠 폐지되었지만) 4급 장애 판정을 받았다. 문자

그대로 손과 발이 묶인 것이다. 몸은 반쪽이 마비되었을 뿐인데, 엄마의 세상이 어떻게 되었는지는…… 내가 감히 말할 수 있는 영역인지 모르겠다.

뇌출혈이 지나간 후 엄마에게 세상은 오른쪽 팔을 뻗었을 때 미치는 영역으로 한정되었다. 20년 가까이 발로 뛰며 바깥일을 했던 엄마는 더 이상 횡단보도를 건너지 못했다. 파란불은 너무나 빠르게 깜빡였고, 신호 대기 중인 운전자들의 재촉은 너무나 폭력적이었다. 엄마와 함께 걸을 때면 신호 대기선에서 들려오는 클랙슨 소리가 달려오는 자동차보다도 더 무서웠다. 엄마는 장애인이 된 후로 에스컬레이터도 타지 못했고, 버스는 엄두조차 내지 못했다. 지나가는 모든 것이 위협적일 만큼 빠른 속도로 움직였다. 세상에는 걸음을 옮길 수조차 없을 정도로 기가 막힌 각도의 언덕길이 너무나 많았다.

말이 되는 게 하나도 없었다. 대중교통, 건축물, 제도. 이 모든 게 마치 세상에 장애인이란 존재하지 않는다는 듯이 운행되고, 지어지고, 시행됐다. 근육 구축으로 말린 엄마의 왼팔은 신호등 앞에만 서면 긴장과 공포로 인해 더 심하게 오그라들었다. 존재를 지워버리는 식으로 엄마를 오그라들게 만드는 세상에 화가 났다. 그런 엄마 곁에서 보폭을 맞춰 걸어야 할 때면 나는 온 신경을 곤두세우곤 했다. 신체 기능의 절반을 잃은 엄마를 대신해 내가

방어막이 되어야 했기 때문이다. 그래서 우리 방향으로
움직이려는 기미를 보이는 모든 존재를 향해 방어 태세를
취했다. 나는 교양 있고 친절하며 마음에 여유가 가득한
사회 공동체원이고 싶은데, 엄마와 길을 나설 때면
산책하는 강아지고 서행하는 자동차고 가릴 것 없이
모두에게 공격적이고 적대적인 자세를 취하지 않을 수
없었다. 그래서 세상에 더 화가 났다. 이걸 미처 모르고
살았던 내 순진함도 이 사태에 한몫했을 거란 생각에,
도대체 누구에게 어떻게 화를 내야 하는지 알 수가 없었다.

여전히 엄마는 외출은커녕 그릇장 문을 열거나 바닥에
주저앉는 일조차 겁을 낸다. 지난번 외식 때는 청계천을
50미터 앞에 두고 택시를 탔다(우리 본가는 청계천에서
1킬로미터도 안 되는 거리에 있다). 공사가 다망하신 나와
동생의 시간을 뺏기 싫다고, 사람 많은 데 가서 괜히 민폐
끼치기 싫다고. 엄마는 장애가 생긴 이후 단 한 번도
청계천에 가본 적이 없다고 했다. 달리 말해 엄마는 지난
10년간, 뇌출혈 이전 누볐던 삶의 반경을 단 1킬로미터도
되찾지 못한 것이다. 엄마에게 집은 감옥과 다름없었다.
왜 그래야 하는가? 장애가 죄인가? 장애가 있는 사람은
길을 건너서는 안 되나? 대중교통을 타서는 안 되나?
벚꽃을 보기 위해 나들이를 가서는 안 되나? 마음껏 거리에
나와서는 안 되는 것인가? 장애인에게도 대중교통에 대한

접근권을 보장해달라는 것이 어린아이 칭얼거림이나 떼쓰는 소리처럼 들리는가? 장애인에게 친화적인 도시 환경은 비장애인에게도 친화적일 수밖에 없다. 모두를 위해 사회를 개선해달라는 요구가 왜 이기적인 투정으로 치부되어야 하는가? 미비한 도시 인프라로 인해 마땅히 누려야 할 생활의 편의와 삶의 기본권을 부정당하고 배척당하며 차별받아온 사람들에게 '동등한' 이동권을 보장하지 않겠다는 이유가 무엇인가? 지하철 타고 국회에 가서 권력 찬탈이라도 할까 봐? 출근길 30분 정체의 원인은, 당연히 주장할 수 있는 권리를 인정하라고 시위하는 장애인이 아니라 애초부터 장애인을 배제한 채 비장애인 중심으로 도시를 설계한 이 사회에 있다. 장애인 이동권은 찬반 토론의 대상이 아니다.

편마비라는 단어가 내 삶에 소개된 지 이제 근 10년. 엄마가 아프지 않았더라면, 그로 인해 몸이 불편해지지 않았더라면 운전의 편리함에 감탄할 일도, 이동권에 관해 목소리를 높일 일도 없었을지 모른다.

물론 나는 이 일의 당사자가 아니다. 엄마에게 이것이 어떤 문제인지 가늠조차 할 수 없다. 우리는 타인의 고통을 이해할 수 있을까? 자신이 직접 겪지 않은 일에도 진정으로 공감할 수 있을까? 인간에게 그런 능력이 있을까? 그동안 나는 질병과 장애에 대해 왜 이리 오만한 태도를 보였을까.

왜 나한테는 절대 벌어지지 않을 일이라는 듯, 내 주변에도
존재하지 않는 일이라는 듯 눈을 감고 지냈을까. 도대체
어떻게 다들 안전 바 없는 언덕길에, 사람을 잡을 듯이
빠르게 깜빡이는 횡단보도 녹색등에, 장애인들의 이동권
보장 투쟁에 이토록 무심할 수 있을까. 뒤늦게 목적지를
잃은 화를 내본다.

　　사람들은 노후 대책의 중요성을 강조할 때 말하곤
한다. 다 늙어서 공짜 지하철 타고 싶으냐고. 몸이 불편할
때를 대비해서 운전기사는 못 쓰더라도 마음 편히 택시
타고 다닐 정도의 노후자금은 마련해놔야 하지 않겠느냐고.
하지만 과연 공짜 지하철 타는 게 노후 대책도 못 세웠다고
흉잡힐 일일까. 당연한 권리를 위해 대책까지 세워야 하는
사회는 어떤 사회일까. 자본주의사회에서는 건강권도
이동권도 돈이 있어야만 누릴 수 있는 권리일까. 그게
올바른 것일까.

시사 주간지 4,000원

대학원 합격 후 입학금을 확인했을 때부터 석사학위를
취득하던 날까지, 답을 찾지 못한(어쩌면 파헤쳐야 할 문서,
해봐야 할 문의와 조사, 감당해야 할 분노와 절망이 태산 같을
것임을 직감적으로 알아차린 까닭에 찾지 않기로 한) 질문이
있다. 대학원 등록금은 왜 학부 등록금보다 200만 원이나
비싼 걸까? 우리가 추가로 쓰는 시설이라고 해봤자 못해도
10년은 됐을 법한 통역 부스의 마이크 정도인데(심지어
연세를 짐작조차 할 수 없는 초대형 오디오 타워는 카세트테이프
녹음밖에 지원하지 않는다)……. 이렇게 많은 대학원생의
학비는 도대체 어디에 쓰이고 있는 걸까? 겨울이면
난방도 제대로 되지 않고, 여름엔 에어컨도 실컷 틀 수
없는 강의실에서, 학생들이 준비해온 자료로 수업을 하고,

예습 복습을 할 스터디룸조차 충분치 않아 전공 언어별로
학생들이 룰을 정해 눈치 싸움을 해야만 하는 이 열악한
환경에서 공부하는 데 그 큰 돈을 내야 한다고? 국가에서
빌린 등록금이 내 통장을 스쳐 지나가 한국장학재단
홈페이지에 대출액 증가 기록만 남기고 사라질 때마다
의아함과 억울함도 내 빚만큼이나 불어났다.

　이해하기 어려운 학사 행정은 그뿐이 아니었다.
우리 대학원은 장학 프로그램마저 빈약했는데, 그나마도
성적순으로 최상위 3인에게만 등록금 일부 감면의 형태로
지원된다고 들었다. 이조차도 구전설화처럼 입에서 입으로
전해 내려오는 이야기이지, 실제로 누가 장학금을 어떤
연유로 얼마나 받고 있는지는 아무도 알 수 없었다. 나는
이 대학원에 적을 두었던 30개월 동안 학교로부터 장학금
수혜자 선정 기준은커녕 장학금의 존재 여부에 대해서조차
안내받은 적이 없었다.

　내가 2학년이 되던 해 딱 한 번, 근로장학생을
뽑는다는 공지가 학과 단톡방에 올라왔다. 반가운 마음에
공지를 읽어 내려가는데 눈에 띄는 요건이 있었다.
장학금을 신청할 때 자신이 장학생으로 선정되어야 하는
사유를 간단히 적어 내라는 것이었다. 사유? 무슨 사유?
학생이 학사과정을 이어나가기 위해 돈이 필요하다는 이유
이외에 어떤 사유로 장학생이 되려 한다는 말인가? 차라리

학생의 성적이나 차상위계층 여부 등을 따지는 거라면 모를까 '간단한 사유'를 적어 내라니, 나는 기가 찼다. 학업 계획서나 상환 계획서를 적어 내라는 것이 아니었다. 그저 대뜸 '내가 장학생으로 뽑혀야만 하는 이유'를 설명하라니. 나에게는 이 요건이 나를 가난 투쟁의 장으로 불러내는 초대장으로밖에 보이지 않았다. 누가 누가 더 가난하고 절박한지 너희끼리 한번 겨루어보거라, 승자는 우리가 결정하마. 물론 내 자격지심에서 비롯된 오해일 수도 있다. 학교에서 원한 건 한 학기 100만 원을 지원해줄 테니 그것을 향후 3개월간 어떻게 학업에 운용할 것인지 적어 내라는 것이었을 수도 있다. 하지만 거기에 내가 무슨 말을 할 수 있을까? 한 달에 33만 원, 삼시 세끼 학식만 먹어도 식대를 감당하기 어려운 돈이다. 통역 연습을 할 수 있는 스터디룸은 항상 예약이 꽉 차 있고 중앙도서관까지 공사 중이라 공부할 곳이 모자라니 스터디 카페를 끊겠다고 할 걸 그랬나. ⋯⋯결국 나는 내 존엄성을 너무 헐값에 팔았다는 자기연민에 빠지지 않을 정도로 건조하면서도 간결한 문체로 우리 집안 사정을 세 줄로 요약해 교수님께 메일을 드렸고, 그 학기 근로장학생으로 선정되었다.

이렇게 각박한 대학원 재정 관리 시스템 앞에서
절망을 느끼던 와중에 대학원생의 특권이라며 기뻐했던
학교 서비스가 딱 한 가지 있었다. 바로 도서관 이용
조건이었다. 한 번에 최대 일곱 권을 2주간 빌릴 수 있는
학부생과 달리 대학원생은 열다섯 권을 한 달간 빌릴 수
있었다. 심지어 대출 연장도 최대 한 달까지 가능했다. 한
번에 열다섯 권이라면 읽지도 못 할 새 책을 사 모으는 게
낙이었던 나의 적독가적 자아를 어느 정도는 만족시킬 수
있는 양이었다.

적독가의 욕구가 어디를 향하는가를 크게 두 부분으로
나누어본다면 하나는 책을 사는 행위, 나머지 하나는
책을 쌓아놓고 즐기는 행위로 나눌 수 있을 것이다. 나는
도서관 서가와 서가 사이에서 국경과 장르를 넘나들며
책을 고르는 재미로 첫 번째 욕구를, 광활한 중앙도서관을
탐험하는 동안 발견한 진귀한 책을 집에 가져와 최대 두
달간 쌓아놓고 감상하는 것으로 두 번째 욕구를 충족시킬
수 있었다. 그래서 대학원 생활 목표 중 하나는 도서관
뽕을 뽑는 것이었다. 매 학기 장학금 한 푼 구하지 못하고
500만 원이 넘는 등록금을 빚을 져서 내고 있는데
도서관이라도 200퍼센트 활용하지 못하면 내 피 같은 돈이

너무 아까우니까.

　게다가 없는 자료는 구입 신청을 해서 볼 수도 있었다. 꼭 한 번 읽어보고는 싶은데 살 엄두가 나지 않는 책, 값비싼 원서, 화집 같은 것들은 내 등록금이 포함된 도서관 예산으로 충분히 구매할 수 있을 것 아닌가? 석사 과정 2년 동안 그래서 나는 총 서른다섯 권의 신규 도서 구입을 신청했고, 총 여든다섯 권의 책을 빌려 보았다. 학교를 나가지 않았던 방학 기간 약 10개월을 제하면 도서관을 이용한 시간은 14개월 남짓. 한 달에 6권 정도는 빌려다 보고, 2.5권 정도는 새 책 구매 신청을 한 셈이다.

　대학원생이 아닐 때에도 도서관은 나에게 중요한 공간이었다. 다른 집에선 부모가 책을 들이밀며 독서 실력이 학습 실력이다, 책 봐라 공부해라 닦달한다지만, 우리 집은 오히려 내가 먼저 책을 파고들었다. 이것도 궁금하고 저것도 궁금하고, 학교 공부만으로는 부족해서 더 배우고 싶은 게 많았다. 하지만 우리 집에는 나를 가르칠 사람이 없었다. 아빠는 부재했고, 두 사람 몫을 해내야 했던 엄마에겐 아이들 공부까지 챙길 여유가 없었기 때문이다. 차라리 공부에 관심이 없는 아이였다면 좋았으련만, 나는 제법 영특하고 소신도 뚜렷한 학생이었다.

　초등학교 고학년이 되면서부턴 사교육에도 욕심이

났다. 나도 다른 친구들처럼 선행학습이 하고 싶어. 나만 파이가 무엇인지, 영어 문장 형식이 무엇인지 모르는 채 멍하니 앉아 있고 싶지 않아. 엄마는 탐탁지 않아했다. 너 학교 수업만 들어도 성적 잘 나오잖아. 학원비가 한 달에 얼마인지는 아니? 학원을 얼마나 다녀야 하는데? 학습 컨설턴트나 답해줄 수 있을 것 같은 질문에 나는 한껏 위축되었지만, 그렇다고 고집을 꺾지도 않았다. 다음 날 바로 친구가 다닌다는 종합 학원에 쫓아가 상담 신청을 한 것이다. "저 학원 등록하고 싶은데요, 입학시험 봐야 하나요? 학원비는 얼마예요?" 나는 데스크 상담 선생님들께 작지만 또박또박한 목소리로 입학 의사를 밝혔다. 당일 바로 학업능력시험을 보았고, 결과지와 학원비 안내문을 들고 귀가해 엄마가 퇴근하기만을 기다렸다. 그렇게 4개월간 동네에서 가장 큰 종합 학원에 다닐 수 있게 되었다.

　　학원을 4개월 만에 그만두게 된 이유는 내 성적이 필요 이상으로 좋았기 때문이다. 우리 학원은 매달 전 원생을 대상으로 월말고사를 치뤘는데, 시험 점수에 따라 반 배정이 달라졌다. 2-3개월쯤 지나자 나는 월말고사에서 생각보다 좋은 성적을 받게 되었고, 외고 준비반으로 등반할 수 있는 자격을 얻었다. 문제는 외고 준비반은 강의료가 더 비쌌다는 점이다. 안 그래도 학원비 봉투를 내밀 때마다 한숨을 쉬는 엄마의 눈치를 어렵사리 무시하고 있었는데, 등반까지 하고 나면 엄마한테 어떻게 학원비를 부탁해야 할지 좋은 수가 생각나지 않았다. 우선은 학원에 등반을 거부할 수 있는지 물었다. 돈 때문이라는 이야기는 꺼내지 않았다. 그냥 나는 아직 일반반에서도 배울 것이 많고 외고에는 진학할 생각조차 없다는 핑계를 대며, 학원 규칙에서 나는 예외로 해달라 떼를 썼다. 원장 선생님은 그런 나를 도무지 이해할 수 없다는 듯 고개를 갸웃거렸지만, 지금 있는 반 친구들과 헤어지고 싶지 않다 울먹이자 그제야 그러면 한 달만 미루어보자고 했다. 잔꾀를 부릴 줄 몰랐던 나는 그다음 달 월말고사에서도 좋은 성적을 거두었고, 그러면서 더는 등반을 미룰 방도가 없어졌다. 나는 결국 어려서 피아노 학원을 그만둘 때 그랬던 것처럼, 내 의지보다는 집안 형편을 생각하는 K-장녀라면 응당 그래야 한다는 의무감으로 학원을 그만두겠다고 했다. 엄마한텐 더는 학원이 재미없다고 둘러댔고, 원장 선생님에겐 이제 스스로 학습을 할 수 있을 것 같다고 거짓말을 했다. 학원에서 배우는 국영수 말고 내가 정말로 공부하고 싶은 것이 무엇인지 찾아보고 싶다는 이야기도 덧붙였다. 선생님은 여러 번 나를 불러 앉혀서는 진짜 이유가 무엇인지 말해보라며 타일렀다.

"너는 옆에서 길만 잘 잡아주면 누구보다 빠르게 목적지에

갈 수 아이인데, 왜 이렇게 옆길로 새고 싶어하니,
선생님이 안타까워서 그래.”선생님은 진심을 담아 나를
걱정해주었다.

　나는 그 말이 내 성장기를 함축한 문장이라고
생각한다. 옆에서 내 길을 서포트해줄 수 있는 어른만
있었더라면 이번 생에 겪었던 어려움 같은 것은 다 모르고
맑고 밝은 사람으로 자랄 수도 있었을 텐데, 조금 더 빨리
배워 더 많은 걸 이룰 수도 있었을 텐데.

　이유가 무엇이든, 그것이 심지어 학습을 위한
비용이라도, 내가 돈이 필요하다고 손을 벌릴 때면 엄마의
얼굴 위론 동굴보다 짙은 어둠이 드리웠고, 그럴 때마다
나는 나쁜 자식이 된 것 같아 어찌할 바를 몰랐다. 열두
살의 셈으로도 4개월 치 학원비는 큰 돈이었기에 나는
다시 한번 거짓말을 하기로 했다. 끈기 없고 산만한 아이인
척 철없이 굴면 내 꼴은 우스워지겠지만 엄마 마음의 짐을
덜어주고 내 마음의 죄책감도 덜 수 있을 것 같았다. 나는
학창 시절 내내 이런 거짓말을 반복했다. 과외 질렸어,
학원 지겨워, 야자 안 할래, 방학 보충수업 안 들어도 돼,
문제집 필요 없어, 독서실 도움 안 되는 것 같아…….
하지만 그럴 리가. 공부는 내가 유일하게 잘하는 것이고,
시험은 내 존재가 빛을 발하는 유일무이한 기회였다.
엄마 역시 시험 성적이 나오는 날만큼은 나에게 다정하고

따스했다. 우리 딸, 너무 장하다, 고생했다. 격려도 아끼지
않았다. 그런데 공부에는 돈이 들었다. 학교에서 야간
자율학습실을 이용하려면 석식 비용이 들었고, 방학
보충수업에 나가려면 차비와 문제집 구입비, 추가 수업료가
들었다. 같은 이유로 단과 학원을 다녀도 2–3개월을
넘기지 못했고, 나는 무엇이든 자꾸 그만두는 아이가
되었다. 혼자 해낼 방법을 찾아야만 하는 사람이 되었다.

　　그즈음 나는 엄마에게 손을 벌려야 할 일이 생기면
엄마가 잠들 때까지 기다렸다. 안방이 고요해지고 나면
엄마 화장대 위에 "이러저러한 이유로 얼마 필요함"이라고
적힌 짧은 포스트잇을 붙여놓고 나도 잠에 들었다.
상사에게 예산안 결재를 부탁하는 부하 직원처럼 나는
엄마가 출근하고 나면 안방 화장대 위에 놓인 돈을 챙겨
필요한 데 썼다. 엄마와 돈 얘기를 하는 것만큼 껄끄러운
게 없었다. 안 그래도 불편한 사이인데, 엄마의 한숨
소리를 더 듣고 싶지 않았다. 나도 엄마한테 돈 얘기 안
하고 싶어. 엄마한테 돈 내놓으라고 닦달하는 그런 존재가
되고 싶지 않다고. 하지만 공부를 더 하려면 문제집이
더 필요한데, 학교 수업만으로는 부족한데, 엄마도
공부 잘하는 큰딸만 자랑스러워하면서, 왜 공부에 돈이
필요하다고 하면 지구가 두 동강 날 것 같은 한숨부터
쉬어? 그런 생각이 들면서부턴 공부 욕심도 불효처럼

느껴졌다. 그렇다고 공부를 못할 수도, 놓을 수도 없는 일. 도서관은 그런 K-청소년 김나연에게 피난처이자 보호소였다.

도서관에 가면 엄마의 눈치를 보느라 차마 사달라고 할 수 없었던 청소년 소설이나 철학 입문서, 과학 교양서, 그리고 백과사전까지, 내가 궁금해하기도 전에 내 질문을 간파하고 있던 선대가 여러 세대에 걸쳐 준비해둔 친절한 대답이 빼곡하게, 끝도 없이 늘어서 있었다. 서가와 서가 사이를 정글짐처럼 넘나들며 사서들만이 이해하는 암호 같던 도서분류번호 체계에 대해서도 파악하게 되었고, 손끝으로 책등을 훑으며 책 디자인이나 글꼴, 삽화 같은 것들에도 관심을 갖게 되었다. 그렇게 도서관에 방문할 때마다 나의 작은 세계는 조금씩 기지개를 켰다. 10원 한 닢 들이지 않고, 이번에는 얼마냐는 볼멘소리도 들을 필요 없이.

친구들이 삼삼오오 모여 어른들 없이 놀이동산에 놀러 갈 궁리를 하고 있는데 하필 그날 외할머니 댁에 들르기로 했다고 거짓말을 한 점심시간에도, 별로 친하지 않은 동급생의 생일 파티에 모든 친구가 초대를 받았던 주말에도, 그 소식을 한참 후에야 알게 된 어느 오후에도…… 쓸쓸하고 외로울 때면 도서관에 갔다. 누군가와 끊임없이 소근거리기보다는 정숙을 지켜야 하는 공간이 오히려 내겐 편했다. 또래 친구를 사귀기 위해 관심이 가지 않는 일에도 기쁜 척, 흥미로운 척, 즐거운 척하는 것보다 내가 다가가기까지는 가만히 나를 기다려주는 책 속 화자들과 관계를 맺는 게 더욱 매력적이었고, 편안했다. 책 속 등장인물들과는 일방적일지언정 정직하고 진솔한 관계를 맺을 수 있었다. 그들 앞에서는 환심을 얻기 위해 진심 반 농담 반인 반응을 짜내거나 내 사정을 감추기 위해 거짓말을 지어내지 않아도 괜찮았다.

지금도 도서관에 가면 마음이 편하다. 도서관은 모두에게 열려 있고 그런 만큼 그곳엔 다양한 사람이 있다. 거취가 분명치 않아 보이는 남루한 차림의 아저씨, 심각한 얼굴로 열심히 자격증시험 문제를 푸는 취준생, 유치원생으로 보이는 아이의 손을 잡고 서가를 도는 여성 보호자, 책을 읽는 사람, DVD를 시청하는 사람, 열람실에 앉아 무언가 골똘히 적고 있는 사람…… 이런저런 사람이 한데 모여 침묵 속에서 무언가를 캐고 있다. 이들에게도 도서관은 단순히 수만 권의 책이 있는 공간 그 이상일까?

생활 잡화 10,000원

과거 경제에서는 소비보다는 일이 정체성을 결정하는
중요 요소였지만 지금 같은 소비 중심 사회에서는
정체성이 무엇을 생산하는가보다 무엇을 소비하는가와
관련 있다. 소비 중심 사회의 또 다른 특징은 여가
시간을 돈 쓰는 일에 사용한다는 것과 물건을 소유하는
일이 행복의 주요 수단이라는 믿음이다.[*]

영어로 레시피를 검색하다 보면 이런 수식어가
붙은 메뉴가 있다. Poor man's dirty martini. 한국어로
번역하자면 빈자를 위한 더티 마티니다. 오리지널 레시피에

[*] 키마 카길, 『과식의 심리학』, 강경이 옮김, 루아크, 2020, 40쪽.

들어가는 재료들이 없을 때, 혹은 재료가 너무 고가일 때, 값싼 대체제를 사용해서 비슷한 맛을 내는 조리법에 붙이는 표현이다.

다이소야말로 이 표현이 가장 적합한 쇼핑몰이 아닐까. 빈자의 갤러리아, 빈자의 애비뉴엘, 10코르소코모. 얼마 전, 집 앞에 3층짜리 대형 다이소가 문을 열었다. 세상에, 위치도 얼마나 기가 막힌지, 우리 집으로 향하는 지하철역 출구 바로 앞에 들어섰다. 다이소 개점을 알리는 플래카드가 걸리고 공사가 시작되던 날, 벌써 내 주머니에서 돈 새는 소리가 들리는 것 같았다.

나에게 다이소는 '지갑을 털리지 않고 집까지 무사히 가기'라는 미션의 최종 관문이다. 외출 후 귀가할 때마다 못 본 체하고 싶어도 할 수 없을 정도로 커다랗고 새하얀 3층짜리 다이소 매장이 형광등 천 개만큼의 빛을 뿜어내며 떡 하니 버티고 있다. 그 자태가 얼마나 매혹적인지, 아무것도 필요한 게 없어도 다이소에만 가면 뭐가 그렇게 막 필요해진다.

생필품이란 건 자고로 생활에 필수 불가결한 물품을 뜻하는 용어 아닌가? 당연히 생활 잡화를 파는 다이소에는 내 생활에 필요한 게 산타 할아버지의 선물 공장만큼 잔뜩 쌓여 있겠지. 하지만 나에게는 이다음 이유가 조금 더 중요하다. 다이소에서만큼은 나도 가격표를 보지 않고 물건을 집을 수 있다. 물론 100퍼센트는 아니고, 한 60퍼센트 정도이지만. 왜 그럴 때가 있지 않은가? 어쩌다 한 번씩 비싸고 화려한 걸 아무 이유 없이 잔뜩 사고 싶어지는 날. 스트레스 때문인 것 같은데, 그렇게 대단히 힘든 상황이 아니어도 한 번쯤은 함부로 소비하고 싶다. 폭력적이고 싶은 걸까? 돈 쓰는 일은 힘을 휘두르는 행위니까. 자본주의사회에서 재력보다 더 강한 힘이 어디 있겠는가? 어디에라도 보여주고 싶은 것이다. 나에게도 힘이 있다는 걸.

나에게 그런 힘의 과시를 유사하게나마 실현시켜주는 곳은 다이소뿐이다. 물건들은 대부분 기능적 측면에서 압도적이지도, 아름다움의 영역에서 어디 올려 자랑할 법한 구석도 없지만, 다이소에 가면 그래도 흥미로운 소비를 할 수 있다. 1000원짜리 마스킹테이프 세트도 디자인별로 사보고, 2000원짜리 수납장 정리함도 짝을 맞춰 여러 개씩 장바구니에 담는다. 수채화 물감 팔레트로 쓸 백색 도자기 그릇도 1000원이면 살 수 있다. 곰돌이 푸와 티거 파우치 사이에서 고민하지 않고 두 개 다 결제할 수도 있다. 그래봤자 2000원이니까.

장바구니에 이것저것 담아놓고 셀프 계산대에서 바코드를 찍으면서 그런 생각을 한다. 명품관에서 이런 식으로 쇼핑하는 사람들도 있겠지? 어떤 사람들일까?

어디서 무슨 일을 하고 어떤 환경에서 자란 사람들일까?
백화점 식품관에 가도 똑같은 생각을 한다. 어떻게 여기서
장을 볼 수 있을까? 어렸을 때부터 이게 당연하다고
여기며 자란 사람들일까? 어떻게 그게 가능할까? 저들도
이마트 같은 대형 마트를 갈까? 나처럼 가격표에서 단위당
가격까지 하나하나 확인하거나 내 눈 앞에 있는 과자의
최저가를 찾겠다고 매대 앞에 서서 네이버와 쿠팡을
검색해볼까? 하기야, 저 사람들에게는 가격이 중요한
문제가 아니겠지? 오로지 우수한 기능이나 심미적 탁월함,
제품에 담긴 이야기를 따지면서 물건을 고를까? 리뷰 같은
건 찾아보지 않겠지? 이미 비슷한 제품을 경험해봤거나,
아직 국내에는 알려지지도 않은 니치 브랜드들까지 다
꿰고 있는 전문가가 언제나 소비가 아닌 수집에 관해
조언을 해주겠지? 그렇게 이뤄지는 소비는 유희일까? 그런
기준으로만 소비할 수 있다면 나도 돈을 쓰며 즐거울 수
있을까? 투자의 의미도 갖는 똑똑한 소비를 할 수 있을까?

나에게는 그럴 자본이 없다. 힘이 없다. 번번이
다이소로 미끄러진다. 유명 디자이너 작품의 복제품의
복제품, 지지지난 시즌 히트 상품의 복제품임이 분명한
다이소의 진열 상품들 사이를 서성인다. 이곳은 소비
시장의 디즈니랜드, 시뮬라르크 중에서도 무작위로 선별된
시뮬라르크의 상설 할인 매장인 것만 같다. 거기서 얼마간

쓰다 버릴 껍데기 같은 물건을 장바구니에 담고 또 담는다.

　　내 쇼핑에는 알맹이만 없는 게 아니다. 내가 헐값에 잡히는 대로 구매한 것들은 딱 그만큼의 품질이 보장되는 제품들이다. 그렇기에 얼마 가지 않아 모가지가 뚝 부러지거나 틈이 벌어지고, 물이 새고, 지퍼가 뜯어져 나가거나 버튼이 고장나기 일쑤다. 땅에 묻어도 썩지 않는다는 플라스틱 제품들이 어떻게 나보다도 더 허약한지. 곱게 써도 되팔기 어렵고, 재활용도 안 되는 나의 소비 사이클. 그래서 다이소에서 충동적 욕구에 충실하게 돈을 쓰고 나면 늘 그렇게 후회막급인가 보다. 신중한 선별의 시간 없이 고른 물건과 나에게 남은 것은 지속가능성이 결여된 미래라서. 아무 데서나 주먹을 휘두르는 사람들도 폭력 끝에 정적이 찾아오면 자신의 선택에 회의감이 들까? 이렇게 찝찝해할까? 키마 카길은 말했다. "개인들은 미디어와 광고가 보여주는 상품의 이미지와 이야기로 가득한 백일몽에 빠지지만 실제로 그 상품을 소비해도 상상적 욕망을 채우지 못하고 실망한다."＊ 하지만 그래도 어떡하겠는가. 나도 물건이 주는 백일몽에 젖고 싶은걸.

＊ 키마 카길, 『과식의 심리학』, 루아크, 2020, 65쪽.

식대 312,060원

취향은 올라갈 줄만 알지 내려올 줄은 모른다. 나에게는
치즈케이크에 대한 기준이 그렇다. 나의 까탈스러운 식도락
취향을 설명하자면, 나는 '입만 까졌다'.

　　엄마의 취향이었는지, 아빠의 취향이었는지
모르겠지만 외식 날이면 두 분은 나와 동생을 양식
패밀리 레스토랑에 데려가셨다. 우리나라에 처음 생긴
피잣집 같은 곳, 낯선 영단어가 빼곡하게 적힌 메뉴판을
건네고는 메뉴를 하나 고르면 자꾸 무얼 추가하라는 둥
사이드를 선택하라는 둥 더 많은 의사 결정을 요구하는
글로벌 레스토랑 체인 같은 곳. 외울 수 있는 외국어에
한계가 있었던 나는 그런 식당에 가면 늘 같은 메뉴를
시켰고, 글자를 읽을 나이가 아니었던 동생에게는 만국기

이쑤시개로 장식한 함박 스테이크가 담긴 어린이 세트가 주어졌다. 지금이야 흔해빠진 콘셉트이지만 1990년대 중반에 처음 양식을 접한 나에게는 패밀리 레스토랑의 무제한 샐러드 바라든가 식전, 식후 메뉴까지 세트로 나오는 식사 구성이 꽤 센세이셔널했다―가격도 매우 센세이셔널했고. 하지만 자식에게 세상 힙한 건 다 누리게 해주고 싶은 것이 부모 마음 아니겠는가. 비슷한 부모를 둔 친구들과 식당에서 우연히 마주칠 때도 있었다. 지금 생각해보면 엄마 아빠는 나에게 당신들이 어려서 누려본 적 없는 중산층의 문화를 체험시켜주고 싶어했던 것 같다.

　일찍부터 양식 레스토랑에 데려가주신 부모님 덕분에, 그리고 유학 시절에 굳어진 식습관 때문에 나에게 향수병을 불러일으키는 음식은 하나같이 집에서 해 먹기 어려운 양식 메뉴들이다. 그 음식들의 플레이팅까지 구체적으로 떠오른다. 예를 들면 그릇 정중앙에 대하가 큼지막하게 박힌 코코스*의 토마토왕새우치즈도리아, 메인 요리를 다 먹고 나면 후식으로는 이런 걸 먹어주라며 아빠가 시켜줬던 진하고 단단한 치즈케이크와 체리 콩포트, 유학 시절 추수감사절마다 상다리가 휘도록

* 1988년 한국에 진출한 일본 F&B 업체로 2004년 경영난으로 국내에서 철수했다.

차려내야 했던 스터핑이나 허니 베이크드 햄** 같은
메뉴들. 모두 이제 어디서든 먹을 수 있는 음식이지만,
향수를 떠올리며 주문한 치즈케이크에 체리가 아닌 딸기
콩포트가 곁들여졌다든가, 치즈도리아의 토마토소스에서
그때 그 맛이 나지 않으면 낙심하게 된다는 것이 문제다.
철딱서니 없는 어린애도 아닌데 유명 맛집의 잘 차려진
음식 앞에서도 밥투정을 하게 된다. 내가 찾는 맛은 추억
보정이 가미되어 현재의 재료로는 재현할 수 없는 상상 속
음식임을 잘 안다. 그때로 돌아갈 방법도 없고, 그렇다고
그때 먹었던 것들보다 더 맛들어지고 멋들어진 고급 요리를
사 먹을 형편도 안 되면서 주어진 환경에 적응하려 하지
않는 혀가 한심하고 원망스럽다.

2011년, 부산국제영화제에서 스태프로 근무한 적이
있다. 영화제는 한 해 단 열흘 정도만 진행되는 행사라
인력의 90퍼센트 이상이 계약직 스태프였고, 나도 그중 한
명이었다. 영화제 준비 기간 2개월, 마무리 및 인수인계서

** 둘 다 추수감사절을 대표하는 음식으로, 스터핑은 삼계탕에
찹쌀밥을 넣듯 칠면조 안에 갖은 채소 등을 넣고 함께 구워
요리하고, 허니 베이크드 햄은 돼지고기 겉면에 꿀을 바른 후 두
시간 이상 오븐에서 구워 만든다.

작성에 한 달이 주어진 초단기 계약직이었지만 업무량만 놓고 보면 1년치 분량이 아니었나 싶다. 우선, 출퇴근 시간이라는 개념 자체가 무의미했고, 사무실 환경도 열악했다. 내가 근무할 당시는 영화의 전당이 완공되기 전이라 직원들은 모두 마린시티 요트 경기장 앞에 설치된 컨테이너를 임시 사무실로 썼다. 우리는 주 6일에서 7일, 단열이 전혀 안 되는 컨테이너 사무실로 출근했고, 낮에는 더위와, 밤에는 추위와 싸우며 일을 쳐내야 했다. 너무 힘들면 팀장이 있는 자리로 뚜벅뚜벅 걸어가 뚱한 얼굴로 그에게 빈 손을 활짝 펼쳐 보였다. 차 키를 달라는 무언의 메시지였다. 그럼 팀장은 웃고 안쓰럽다는 표정으로 내 손에 자기 차 키를 쥐여주었다. "저 얼른 타임 좀 하고 올게요……." 나는 그에게 짧게 허락을 구하곤 차에서 30분 정도 눈을 붙이다 사무실로 돌아왔다. 그런 배려에도 불구하고 외강내유의 아이콘인 나는 근무 기간 내내 경미한 소화불량과 편두통에 시달렸고, 내 옆자리였던 수정 언니 역시 날이 다르게 낯빛이 창백해져갔다. 내가 이메일로 해외 업체들과 씨름하는 동안, 수정 언니는 당장 혼절해도 이상하지 않을 만큼 하얗게 질린 얼굴로 키보드를 두드리며 문의 전화에 응대했다.

　　오매불망 기다리던 폐막식이 끝나고, 전에 없던 여유를 즐기며 인수인계서를 준비하던 어느 날이었다. 오전 업무가 끝나갈 무렵, 수정 언니가 호텔 라운지같이 넓고 한적한 곳에 가서 진한 아메리카노 한잔하면 너무 좋겠다며 작게 한숨을 내쉬었다. 나는 언니의 말을 듣자마자 웨스틴조선호텔 1층에 위치한 베키아에누보와 그곳의 꾸덕꾸덕한 치즈케이크가 떠올랐다. 사무실에서 차로 5분, 도보로도 15분이면 닿을 거리였다.

"언니, 저는 막 금방 흐물흐물해지는 프랜차이즈 커피숍 치즈케이크 말고 정말 진하고 밀도 높은 치즈케이크요. 체리 콩포트 올린 거." 내 말이 끝나자마자 수정 언니와 나는 말없이 눈빛을 교환했다. 언니도 같은 생각인 것 같았다. 점심 도시락을 꺼내던 팀원들에게 우리 둘은 산책을 다녀오겠다 둘러대고 사무실을 나섰다. 그러고 나는 곧장 큰길로 달려 나가 택시를 잡았다. 호텔로 도망가는 마당에 그곳까지 걷고 싶진 않았다. 언니도 장난꾸러기처럼 웃으며 택시에 올랐다.

호텔 델리에 도착한 우리는 정확하게 각자가 계획했던 메뉴만 주문했다. "뜨거운 아메리카노 한 잔하고 치즈케이크 하나요." 그리고 델리 한편에 마련된 자리에 앉아 고요하게 각자의 시간을 만끽했다. "치즈케이크 좀 먹어봐요, 언니." 내가 적막을 깨고 접시를 밀었다. 수정 언니는 케이크를 한입 베어 물고는 반응을 기다리는 내 눈을 바라보며 기가 막히도록 맛있다는 듯 입을 크게 벌려

감탄해주었다.

"돌아갈 때는 소화도 시킬 겸 걸을까요, 나연 씨?"
언니가 해맑게 웃으며 물었다. 사무실로 복귀하던 길
위에서 내가 바람이 좋네요, 어쩌네요 하며 방긋거리는데,
수정 언니는 "우리 참 호사 부리네요" 하고 쓸쓸한 얼굴로
웃었다. "전에 나연 씨가 그랬잖아요, 어려서부터 좋은 데
가고 좋은 거 먹고, 보고, 부모님 덕에 너무 많이 해봐서,
나는 스스로 누릴 형편도 안 되는데 그게 막 생각난다고.
나, 그 말 뭔지 알아요. 그럼 막 자신한테 화나지 않아요?"

그 감정을 화라고 부르는 걸까? 실망이나 체념이
아니라, 화였을까? 실망스런 음식을 먹을 때마다 허투루
돈을 썼다는 생각에 멍청한 선택을 한 자신에게 화가 나는
걸까? 아니면 선택권 자체가 없단 사실에 화가 나는 걸까?
요즘도 치즈케이크를 먹을 때마다 속으로 그런 질문을
한다. 그리고 답을 하는 대신 화창한 부산의 여름, 그리고
수정 언니와 "우린 입맛만 고급"이라고 자조하며 걸었던
말간 가을 오후를 떠올린다.

첫 직장에서 퇴사하기 한 달 전쯤부터 점심으로
이삭토스트나 봉구스 밥버거를 자주 먹었다. 내가 갑자기

일주일에 두세 번씩 밥버거를 먹으니 팀원들은 왜 갑자기 밥버거에 꽂힌 거냐고 물었고, 나는 "고학생 되는 연습 중"이라고 답했다. 다들 농담으로 웃어넘겼지만 100퍼센트 진심으로 한 말이었다. 퇴사하고 대학원 입시생이 되면 이미 코딱지만 한 현재 소득의 절반도 안 되는 돈으로 한 달을 버텨야 할지도 모르는 일, 입맛이라도 바꿔놓을 참이었다. 가장 만만한 메뉴는 김밥이었지만, 한 가지만 먹으면 질릴 수도 있으니 김밥과 비슷한 가격대에서 최대한 다양한 대안을 찾아두고 싶었다.

대학원에 다니는 동안 내 주식은 캠퍼스 후문 바로 앞에 있어서 강의실에서 달려 나가면 2분 내로 도착할 수 있는 이삭토스트, 회사가 위치한 대방역 김밥천국의 소고기김밥, 학생식당 매점에서 파는 1000원짜리 김밥이었다. 그 외에 먹은 음식이라고는 정말 어쩌다 한 번씩 특식으로 먹는 8000원짜리 학교 앞 원조할머니보쌈정식이 다였다. 이 네 곳 이외에는 가본 기억이 거의 없다.

그중에서도 이삭토스트는 나의 주 에너지원이었다. 패스트푸드라기에는 조금 슬로우한 이 조립식 토스트는 2000-3000원이면 한 끼를 해결할 수 있었고 비슷한 가격대 안에서 선택의 폭도 넓었다. 물론 나는 선택의 즐거움 같은 건 누리지 못하고 2년 내내 같은 메뉴만 먹었다. 메뉴판을 보고 고민할 시간적 여유나 심적 여유가 없었기 때문이다.

대학원 2학기까지만 해도 주 20시간씩 출근하는 회사원의 삶을 살며 학업을 병행했다. 당연히 점심시간 같은 건 내게 주어지지 않았다. 그나마 첫 수업이 조금 일찍 끝나면 강의실을 나서기도 전에 후문 앞 이삭토스트에 전화를 했다. 어찌나 자주 걸었던지 최근 통화 목록 상단에는 늘 이삭토스트가 있었다. 칼같이 전화를 받은 사장님은 내 목소리를 듣자마자 "햄스페셜 한 개 맞으시죠?"라고 먼저 물어왔다. 그럼 나는 쑥스럽게 웃으며 "네. 금방 갈게요!" 하고 전화를 끊었다. 아마 학교에 다니는 동안에는 우리 가족보다 이삭토스트 사장님하고 더 자주 전화했던 것 같다. 한 학기가 지날 때쯤에는 매장에 도착하면 내 햄스페셜토스트가 곱게 접은 포장지 안에서 날 기다리고 있었다. 시간 효율로 봤을 때 이삭토스트를 이길 음식은 없었다. 이 일련의 주문 과정은 오로지 시간 단축과 효율에만 초점을 맞춘, 흡사 표준화 생산 과정 같았다.

장르와 상관 없이 모든 결정에는 기회비용이 따르고, 매번 100퍼센트 동일한 결과를 기대하기 어렵다는 점에서 선택은 일종의 모험이다. 모험을 통해 새로운 음식의 호오를 파악하는 즐거움을 느끼기보다는 선택 과정에서의 불확실성과 메뉴 선정 실패에 따르는 데미지를 줄이는

것을 우선으로 여기는 나는, 어딜 가든 메뉴를 고르는
데 한 세월이 걸렸다. 고심해서 고른 음식이 첫 입부터
실망스러우면 열심히 준비한 시험을 망쳤을 때보다 더
큰 고통이 밀려왔다. 그것은 내 노력의 영역이 아니기
때문에 더 불쾌했다. 내가 컨트롤 할 수 없는 일이 실패로
돌아갔을 때 나는 무안해진다. 안목이 없거나, 타고난
운이 없는 사람이란 게 밝혀지기라도 한 것처럼. 음식
하나 고르는 데 뭐하러 이런 심오한 의미를 부여하나
싶겠지만, 주머니 사정이 쪼들릴 때는 의사결정 과정에서
생길 수 있는 리스크를 최소화하는 것이 가장 중요하다.
지금의 소비가 헛돈을 쓰는 게 되어서는 안 된다. 한정된
자원에서 최대한의 만족도를 보장하는 선택을 해야만
한다. 모험을 감행하는 대신 익히 아는 맛을 선택하는 편이
낫다. 익숙함은 배신하지 않는다. 다른 음식을 골랐으면 더
맛있었을까, 하며 가지 않은 길을 힐끔거리고 싶지 않다.
나는 개척자가 되고 싶지 않다.

　　　어떤 세상은 존재를 모르고 사는 게 나을 때도 있다.
「매트릭스」의 빨간 약처럼, 앎은 자유가 아닌 고통의
동의어일 때가 더 많다.

나는 내가 사회학 전공자라는 사실을 자랑스럽게 생각한다.
사회학은 내가 나만의 관점으로 세상을 이해하고 설명할 수
있는 언어를 알려주었고, 조직이자 유기체로서 사회가 그
구성원인 나에게 어떤 영향을 미치는지, 반대로 개인으로서
내 존재는 사회에 어떤 의의를 갖는지 이해하게끔 했다.
불합리하게만 느껴지는 세상을 향해 옹알이조차 못
내뱉던 내게 세상과 소통할 수 있는 도구를 쥐여준 학문도
사회학이다.

　　하지만 그 전에, 사회학은 본능에 가까운 영역에서
나를 자극했다. 사회학은 나를 둘러싼 환경과 나를
인지적으로 분리시켜주었다. 자의적인 인지부조화라고
불러야 할까. 사회학적 상상력을 발휘하는 시간 동안만큼은

해방감마저 느꼈던 것 같다. 이 학문의 관점으로 세상을
보면, 나는 내 상황을 타자화하고 대상화하여 현실로부터
나를 분리할 수 있었다. 계급과 계층, 사회 불평등을
공부하는 날이면 나는 개천에서 나고 자라 여전히 흙탕물
속에서 허우적대는 이무기가 아니라 고등교육을 받은
어엿한 사회 구성원으로 존재할 수 있었고, 여성의
사회경제적 지위 변화에 따라 이데올로기가 충돌하는
장으로 가족제도를 분석해보는 날에는 '엄마가 잘못되면
엄마 대신' 가족을 책임져야 하는 이혼 가정의 장녀가
아니라 내 상황을 비판적으로 성찰할 수 있는 현대
여성으로 거듭나는 것만 같았다. 사회학의 울타리 안에
있는 동안은 자유로웠고, 당당할 수 있었으며, 원가족이나
계급, 성별 등 내 사회적 정체성을 이루는 조건들을 남의
일처럼, 객관적으로 바라볼 수 있었다. 그래서 평등한
조건에서 협력하고 경쟁하는 친구이자 동료라고 생각했던
사람들과의 대화 속에서 내 사회경제적 위치를 재인식하게
될 때, 끝없이 타자화했던 가족들이 새로운 문제를 들고
나를 찾아올 때, 그런 일들로 자아가 휘청거릴 때면
사회학으로 돌아가고 싶어졌다. 그것은 네가 속한 사회에서
한 걸음 떨어져서 날카롭고 비판적인 시각으로 현상을 다시
보라고 격려해준 나의 은신처였기에.

하지만 그런 사회학을 배우며 딱 한 번, 그것이

'나 같은' 구성원을 다루는 방식에 충격을 받은 적이 있다. 그날, 그 수업 시간에 내가 느낀 감정의 정체가 무엇이었는지 정확히 규명할 순 없지만, 10년이 지난 지금도 그때 느낀 당혹감을 생생히 기억한다. 그날은 전공 수업인 영상사회학 강의가 있었다. 교수는 국내 사회학계에서 두고두고 회자되는 다큐멘터리를 제작한 감독으로, 우리는 수업 시간에 그의 작품을 감상하게 되었다. 작품의 골자는 단순했다. 감독은 대도시 서울의 빈곤 가구 하나를 25년간 추적 관찰하며 빈곤이란 무엇인지, 그것은 어떻게 대물림되는지를 꼼꼼하게 기록한다. 이 작품을 본 날, 나는 걷잡을 수 없이 강렬하게 휘몰아치는 감정에 정신이 아득해져 강의실을 나섰다.

다큐멘터리에 등장한 가족들은 누가 봐도 빈곤 가정이라고 말할 수 있는 집에 사는 사람들이었다. 가족은 재개발 계획에 떠밀려 불량 주거지에서 또 다른 불량 주거지로 옮겨 다니느라 안정된 주거 생활을 누려보지 못하고, 운 좋게 임대주택에 들어간 이후에도 끊이지 않는 온갖 사건 사고에 휘말린다. 자식들은 공부와는 요원한 학창 시절을 보내고, 학력의 제한으로 인해 양질의 일자리를 얻지 못한다. 이 가족에겐 빈곤과 이혼이 패턴처럼 자리 잡고 있다. 생계 이외의 문제는 사치로 여겨지는 생활양식을 자손과 공유하고, 자손의 자손들에게 그것을 대물림하는 빈곤의 전승. 그것을 너무나도 적나라하게 펼쳐놓는 이 작품의 의의를 이해할 수도, 연구 방법론의 도덕적 타당성을 납득할 수도 없었던 나는, 강의실에서 모두가 함께 이 가족의 삶을 들여다본다는 게 말이 되는 일인지 도무지 판단이 서지 않았다.

저 가족은 3대에 걸쳐 녹화된 자신들의 속사정이 이렇게 매년 낯선 이들에게 공개되고, 학습에 자료로 사용되며, 디지털 매체로 남아 두고두고 반복 재생되리라는 것을 알고 있을까? 그 영향력을 정말 이해하고 있을까? 내가 저 사람들이라면? 나의 부모와 조부모가 한 줌 재산과 족보 따위를 놓고 서로를 기만하고 모함하고 모욕하는 행위가 고스란히 영화화되어 매해 수십 명의 학생에게 학습 자료로 상영된다면? 빈곤 가정의 마지막 세대인 '나'조차 가난에서 벗어나지 못하고 하루하루 죽음만을 바라며 잠에 드는 어른이 되었다는 사실까지, 생면부지의 어린 학생들이 알게 된다면?

또 다른 빈곤 당사자로서 작품을 보는 내내 나는 화면 속 가족과 나를 분리해서 사고하기가 어려웠다. 인생이 실은 콘텐츠 제작을 위한 쇼였음을 깨달은 트루먼이 된 기분이었다. 이걸 이렇게 적나라하게 보여준다고? 그래야 할 이유가 뭔데? 그렇게 해서 얻을 수 있는 게 무엇인데?

고등교육을 마치지 못한 저 사람들이 교수이자 학자인 감독이 설명한 작품의 의도와 용도, 장기적 영향력을 정말 제대로 이해했다고 장담할 수 있나? 나라면 절대 반대했을 이 일을? 그렇게 해서 25년간 그들을 쫓아다닌 결과는 무엇인가? 그들은 이 영화에 등장함으로써 무엇을 얻었나? 그들의 가난이 아니었다면 애초에 만들어질 수도 없었을 이 작품을 통해, 그들은 무슨 이득을 볼 수 있나? 분노와 당혹감에 당장이라도 자리에서 일어나 영화를 멈추어달라고 소리치고 싶었다. 하지만 영화는 내가 내 생각을 정리하는 속도보다 빠르게, 더 빠르게 전개됐고, 어느 순간 교수는 영화를 멈추고 질문을 받기 시작했다.

나는 달달 떨리는 손을 번쩍 들고 교수에게 물었다.

"혹시 교수님은 25년간 이 가족들에게 대가를 지불하셨나요? 어떻게 저 가족 구성원들이 이러한 장기 프로젝트에 동의하고 3대가 모두 이견 없이 출연하겠다고 할 수 있었던 건지 궁금합니다. 또한 단지 촬영만 하는 차원을 넘어, 가족들에게 사건 사고가 발생하였을 시 어떠한 종류의 개입이나 지원 같은 것이 이루어졌을까요?"

교수는 당연하다는 듯 자신은 학자로서의 거리를 지키기 위해 노력했다고 답했다. 물론 25년이라는 세월이 있고 그동안 형성된 라포도 있으니 장학 프로그램을 알아보는 등 간접적으로 도움이 될 방법을 찾아봐주거나 서로 안부를 묻고 약소한 선물을 전달하는 등의 일은 있었으나, 그 외의 적극적인 개입은 삼갔다고.

그 말을 듣는 순간 나는 퓰리처상 수상작으로 유명한 사진 한 장을 머릿속에 떠올렸다.「수단의 굶주린 소녀」라는 제목의 이 사진에는 뼈만 앙상하게 남은 아이(실은 남자아이였다)와 독수리가 등장한다. 아이는 기도하듯 바닥에 납작 엎드려 있고, 독수리는 조금 물러나서 그 모습을 지켜보고 있다. 마치 아이의 최후를 기다리기라도 하는 듯이. 사진기자 케빈 카터는 기아의 참상을 세계에 알리고자 이 모습을 카메라에 담았다. 그는 촬영 즉시 독수리를 쫓았다고 하지만, 잘 알려져 있듯 이 사진은 수단의 잔혹한 현실을 생생하게 담아내고자 한 그의 보도정신보다 보도윤리로 세간에 논란을 일으켰고, 세상의 비난은 카터 자신으로 하여금 스스로 세상을 등지게까지 했다.

나도 영화를 보며 비슷한 의문에 휩싸였던 것 같다. 25년간 학문윤리를 지키기 위해 지원은 최대한 삼갔다는 감독의 태도는 옳은 것인가? 관찰과 기록이 한 가족을 빈곤에서 구제해내는 것보다 더 중요하단 말인가? 그럴 것이다. 아니라면 그는 학자가 아닌 활동가가 되었겠지. 지금의 나는 학자에겐 학자의 역할이 있다는 걸 알지만, 빈곤 가정의 당사자로서 내 처지를 부정하기 위해

안간힘을 쓰고 있던 그때의 나는 작품과 감독의 태도를
도저히 받아들일 수가 없었다. 누군가 우리 집에 불법으로
카메라를 설치해 내 삶을 세상에 생중계하는 것 같았다.
당신은 무슨 권리로 나의 민낯을 만천하에 전시하는가?
나를, 나의 처지를 어찌하여 관찰과 전시의 대상으로
삼는가? 가난이란 수렁에 그저 빠져들고 있을 뿐인 저
가족이 대상화가 무엇인지 알기나 할까? 우리 가족은 이런
촬영에 동의했을까? 우리 엄마는, 할머니는, 당신들의 삶이
이렇게 사용된다고 하면 어떤 기분을 느낄까? 작품 속
가족의 모습에서 자꾸 나와 우리 가족의 모습이 겹쳐 보여,
더는 영상을 볼 수가 없었다. 그로부터 10년이 더 지난
지금도 그때의 당혹감을 제대로 소화할 수가 없다.

　　원고를 다 써갈 무렵, 잊고 있던 이 영화가 머릿속에
떠올랐다. 강의 시간에 작품을 보며 붉으락푸르락 열을
올리던 그 시절의 나는 정말 가난했을까? 나는 화면 속
사람들보다 더 많은 기회를 누렸다. 살얼음처럼 얇디얇은
유리 바닥이었을지언정, 내가 회생 불가능한 절대 빈곤으로
추락하지 않도록 도와준 친척들도 있었다. 그런 내가
과연 가난했다고 말할 수 있을까? 지금은 더 그렇다.
이렇게 배부르고 등 따습게 살면서, 가난이라는 단어를
자꾸 입에 올려도 되는 걸까? 내가 나를 가난했다고 혹은
가난하다고 표현하는 일이 기만이거나 타인에게 상처를

주는 일은 아닐까? 가난은 특정 조건에 부합하는 이의 입에서 나올 때에만 진정성을 인정받을 수 있는 단어일까? 애초에 가난엔 조건이 있는 것일까? 만일 있다면 그 조건은 무엇일까? 나는 거기에 부합할까? 나는 몇 점짜리 빈자일까……?

가난 이야기에서 늘 회자되는 작품인 박완서 선생의 『도둑맞은 가난』 속 '나'는 멕기(도금) 공장에서 만난 상훈이 실은 돈 무서운 줄 모르고 자란 부잣집 도련님이란 사실을 알고 분노한다. 자신에게는 일상이고 삶인 가난을 한낱 체험학습의 장 취급하는 부자들의 오만에 치를 떤다. "그들은 빛나는 학력, 경력만 갖고는 성에 안 차 가난까지 훔쳐다가 그들의 다채로운 삶을 한층 다채롭게 할 에피소드로 삼고 싶어한다는 건 미처 몰랐다. 나는 우리가 부자한테 모든 것을 빼앗겼을 때도 느껴보지 못한 깜깜한 절망을 가난을 도둑맞고 나서 비로소 느꼈다."* 자신에게는 삶 자체인 환경이 누군가에게는 인생 교훈을 가르치는 도구일 뿐이라는 사실에 절망하고 분노하는 주인공의 심정을 나도 이해한다. 그는 빈곤을 소명이라고까지 생각할 만큼, 가난을 정체성을 구성하는 큰 부분으로 여긴다.

하지만 소설 속 화자가 가난을 도둑맞았다며 절망감에 주저앉을 무렵, 나는 고개를 갸웃거렸다. 가난이 도구로 전락한 게 그렇게 충격적일 일인가? 그 일로 "깜깜한 절망"에 빠질 만큼 빈곤이 개인의 정체성을 구성하는 데 있어 핵심적인 요소가 될 수 있단 말인가? 다른 누구도 아닌 그 자신이야말로, 가난을 경험으로 끝내고 싶지 않았을까? 아니, 그것을 단순한 체험으로 치부하지 않고 어떻게 제정신으로 살 수 있단 말인가? 어떻게 빈자로서의 삶에서 긍지를 느낄 수 있단 말인가? 나와 그는 대척점에서 가난을 바라보고 있는 것 같았다.

나는 줄곧 가난을 타자화하고, 대상화하며 끊임없이 가난과 거리를 두었다. 가난을 혐오했기 때문이다. 혐오의 대상으로부터 거리를 두고 그것을 내 삶과 관련 없는 단어로 만들고 싶었다. 아무리 가족의 일일지언정 타인의 선택과 그로 인한 결과를 내가 책임지지는 않겠노라고 억지를 부렸다. 어떤 엄마에게서 태어나 어떤 동생의 언니가 될 것인지 내가 결정한 일이 아니니 내게 책임 지우지 말라고 정색했고, 엄마가 '빤쓰'가 찢어질 정도로 가난한 사람이든 아니든, 그건 엄마의 형편이니 내 알 바 아니라며 선을 그었다. 곰팡이 냄새나는 반지하 월셋집은 내가 선택한 공간이 아니었기에 안식처로 느끼지 못했고, 분가한 후 내 힘으로 마련한 전셋집에 들어가서야 마침내 집 같은 집에 사는 것 같아 웃음이 나왔다. 집주인이 트렌드에 맞춰 수리해놓은 데다 채광이 끝내주고 맞바람이 불어 환기 걱정도 없는 10층 투룸 아파트였다. 그 정도는 되어야 나에게는 집이라고 부를 만한 공간이 될 수 있었던 것이다.

가난이라는 꼬리표도 마찬가지였다. 어디에도 말해본 적 없지만 무의식 저편에서는 가족의 가난이 나의 가난은 아니며, 그들의 삶과 나의 삶을 단절시킬 수 있다면 내 몫만큼은 충분히 개선시킬 수 있다고 믿었다. 나에게 그럴 권리가 있다고 믿었던 것 같다. 나는 가난을 수용하는 걸 넘어 자긍심까지 품었던 『도둑맞은 가난』의 화자와 달리, 가난과 가난의 영향을 철저하게 부정했고 그 힘으로 생을 견뎠다. 어떻게 해서든 나에게서 가난의 냄새가 나지 않게, 나에게 가난의 그림자가 드리우지 못하게 옷매무새며 말투, 가치관까지 관리해왔다. 가난을 이야깃거리가 필요할 때만 잠깐 꺼내 쓰는 '어려서 한때 고생한 사연' 정도로 묻어두고 싶었다. 가난은 뗐다 붙였다 하는 스티커가 아니라 문신처럼 세포 깊숙한 곳까지 스며드는 성질의 무언가라는 것을 미처 몰랐다. 아니 모르고 싶었다.

당연한 얘기지만, 가족도 가난도 단칼에 끊어낼 수 없었다. 불우한 환경 속에서도 근거 없는 권리 의식을 품었던 어린 김나연은 꿈꾸던 커리어 우먼으로 자라 남부럽지 않게 밥벌이를 한다. 해가 들고 바람이 치는 전셋집으로 독립도 이루었다. 하지만 독립과 물질적 풍요가 주는 해방감에 젖어 행복해질라치면 완전히 끊어내지 못한 혈연이 내 발목에 채워진 올가미를 끌어당겼다. 그럴 때마다 나는 어느 현실에 속한 사람인지 몰라 혼란스럽고 괴로웠다. 나는 여전히 가난에서 벗어나지 못한 걸까, 내가 누리는 풍요는 일장춘몽일까, 다시 반지하방으로 돌아가게 되는 걸까, 그건 언제일까, 그때는 어떻게 그 지긋지긋한 상태를 견뎌낼까. 가난할 때는 이 궁핍이 언제 끝날지 알 수 없어서, 풍족해지니 이걸 잃을 날이 곧 올 것만 같아서, 매일이 불안했다. 이제 막 줄타기를 배운 초보 곡예사처럼 발치에 산들바람이라도 불었다간 까딱하고 가난의 늪으로 고꾸라질 것 같았다. 줄에서 내려온 줄 알았는데 그저 줄을 갈아탔을 뿐이었나. 내가 선 곳이 외줄 위인지 땅 위인지도 알 수 없었다. 어쩌면 그런 건 중요하지 않을지도 모르겠다.

책에 등장하는 친구에게 허락을 구하느라 원고 일부를 먼저 보여주었다. 그때 일을 이렇게 따뜻하게 기억해주어 고맙다고 전해 온 친구는 나에게 이런 사정이 있었는지 전혀 눈치 채지 못했다고 덧붙였다. 아무렴, 내가 궁한 것을 들키지 않으려고 평생 얼마나 애를 썼는데. 그렇게 대답을 하고 나니 내가 왜 그랬나 오히려 자문하게 되었다. 나는 무엇을 연기한 것일까? 그래서 나는 무엇이 되었나?

나는 여전히 연기를 이어가고 있다. 그러면서도 내게 맡겨진 역할과 그 역할 뒤에 존재하는 실제 나 사이의

간극을 줄여가는 중이다. 이것이 내가 나와 화해하고 나를
받아들이는 방식이다.

그리고 아이러니하지만, 나라는 배우의 존재를
세상에 알리기 위해 나는, 나에게 당혹감을 안겼던 그
다큐멘터리처럼 내 사생활을 낱낱이 드러내는 방법을
택했다. 그 무엇보다 가난을 토해내고 싶었다. 하필 가면을
벗자마자 쏟아내고 싶은 이야기가 이 가난의 기록이었던 걸
보면 나만큼이나 내 가난도 목소리를 필요로 했던 것 같다.

첫 책을 썼던 때처럼, 나와 비슷한 사람이 어딘가에
있다면 이 이야기를 들려주고 싶다. 나와 같은 삶을
상상하지 못하는 사람들에게도 이 이야기를 들려주고
싶다. 세상에는 다양한 모습의 빈자가 있노라고, 극적으로
가난하지 못해서, 그런 와중에 너무 열심히 살아서,
이쪽에도 저쪽에도 속하지 못한 채로 불안과 죄책감에
시달리는 모습의 젊은 빈자도 있노라고 이야기해주고 싶다.
스스로 빈자의 꼬리표를 떼지 못해 더욱 속물이 되어만
가는 내가 나도 싫다고, 그러니 같은 이유로 괴로웠다면
너무 홀로 외로워 말라고.

나에게 얼마큼의 고백이 더 허락될지 모르겠다. 하지만
가능하다면 앞으로 몇 번만 더 그렇게 민낯으로 여러분을
만나고 싶다. 여러분의 이야기를 듣고도 싶다. 직접 만나지
못하더라도 이 책이 누군가의 귀가 되어줄 수 있다면 더

바랄 것이 없겠다. 누군가의 무거운 가면을 받아줄 손이 될

수 있다면 더없이 감사하겠다.

가난의 명세서
자아에 가격 매기기

1판 1쇄 2025년 10월 20일
1판 2쇄 2025년 11월 21일

지은이 김나연
펴낸이 강성민 이은혜
편집 박은아
마케팅 정민호 박치우 한민아 이민경 박진희 황승현 김경언
브랜딩 함유지 박민재 이송이 박다솔 조다현 김하연 이준희
제작 강신은 김동욱 이순호

펴낸곳 (주)글항아리 | 출판등록 2009년 1월 19일 제406-2009-000002호

주소 경기도 파주시 문발로 214-12, 4층
전자우편 bookpot@hanmail.net
전화번호 031-955-2689(마케팅) 031-941-5161(편집부)

ISBN 979-11-6909-443-6 03300

www.geulhangari.com